Director de la obra:
José Alcina Franch
(Universidad Complutense
de Madrid)

Coordinadora de documentación:
Consuelo Naranjo Orovio
(C.S.I.C.)

Diseño:
Pedro Arjona González

Maqueta:
Carmen Arjona Barbero

© **Ediciones Akal, S.A.** 1992
Los Berrocales del Jarama
Apdo. 400 - Torrejón de Ardoz
Madrid - España
Tels. 656 56 11 - 656 49 11
Depósito Legal: M- 33432 -1992
ISBN: 84-7600-748-5 (Obra completa)
ISBN: 84-7600-913-5 (Tomo XLVI)
Impreso en GREFOL, S.A.
Pol. II - La Fuensanta
Móstoles (Madrid)
Printed in Spain

Esta obra ha sido objeto de una ayuda a la edición de obras
literarias, científicas, técnicas u otras de positivo valor cultural,
de autores españoles, por parte del Ministerio de Cultura.
(Resolución de 27/07/89, B.O.E. nº 234)

LITERATURA   IV

TRADICIÓN INDIGENISTA

Y PROYECCIÓN UNIVERSAL EN LA

LITERATURA DE LOS PAÍSES ANDINOS

Juana Martínez Gómez

Han merecido su atención períodos muy distintos de las letras americanas, desde la literatura virreinal hasta la creación contemporánea, pero podrían destacarse en su labor dos grandes líneas investigadoras: El cuento hispanoamericano, que ella estudia desde sus aspectos teóricos y prácticos como una manifestación nuclear y característica del continente americano; y también la literatura peruana, dentro de la que le han interesado vertientes tan distintas como la poesía satírica, la narrativa indigenista y el relato fantástico.

Juana Martínez Gómez es catedrática de Literatura Hispano-americana en la Facultad de Filología de la Universidad Complutense, donde, en la actualidad, desempeña su labor docente. También es miembro del consejo de redacción de la revista *Anales de Literatura Hispanoamericana* que edita la misma Universidad.

ÍNDICE

Primeras manifestaciones literarias 7
Poesía barroca 8
    Poesía lírica 10
    Poesía satírica 12
    Poesía religiosa 14
Prosa virreinal 16
La ilustración 19
Literatura y emancipación 21
Poesía romántica 24
Prosa del siglo XIX
    Relato histórico 26
        La tradición 26
        Novela histórica e Indianismo.. 26
    Costumbrismo 28
    Novela realista e Indigenismo 30
El modernismo 32
Las vanguardias poéticas 36
Narrativa del siglo XX 40
    La novela de la selva 40
    Narrativa indigenista 41
    Narrativa del litoral 45
Bibliografía 48

PRIMERAS MANIFESTACIONES LITERARIAS

La poesía popular anónima de origen español constituye el primer germen literario del virreinato del Perú. En efecto, los romances tradicionales arribaron a las costas americanas en los labios de los soldados que, ya durante su travesía por el mar, los cantaban motivados por cualquier pretexto. Los primeros documentos conocidos que recogen creaciones originales de este área geográfica se encuentran en Perú y reproducen coplas anónimas sobre sucesos políticos y sociales que estimulaban la imaginación del pueblo. El primer romance peruano del que se tiene noticia está fechado en 1537, a menos de cincuenta años de la conquista, y relata la lucha entre Almagro y los Pizarro en su momento más álgido. Posteriormente, y con motivo de otras contiendas, fueron apareciendo otros romances autóctonos que convivieron siempre con los romances tradicionales españoles, los cuales todavía recordaban y mantenían vivos los conquistadores y sus descendientes.

Junto a los romances, los libros de caballerías constituyen el componente literario básico en los primeros años de la conquista, a pesar de que estaba prohibida la importación de este tipo de literatura en aquellas tierras. De 1531 data la primera Real Cédula prohibitiva, general para todas las Indias, a las que, dada su ineficacia, siguieron otras de índole parecida. A la Audiencia de Lima, en particular, se dirigió una en 1543 en la que se prohibía la venta y tenencia de libros de entretenimiento y la lectura de ellos por parte de ningún indio, a fin de evitar desviaciones en la conducta cristiana en la que estos últimos debían ejercitarse. Se sabe, sin embargo, que todos esos libros llegaron a tierras americanas y se leyeron ampliamente.

Después de un período inicial en que la literatura surge espontáneamente de la inventiva popular, hacia el último tercio del siglo XVI, la creación anónima cede su lugar a las obras de autores conocidos, de quienes tenemos noticia por las breves reseñas que realizan los propios cronistas. La primera nómina de escritores la recoge Diego de Aguilar en su crónica sobre el descubrimiento y conquista de *El Marañón,* pero los dos escritores más importantes de esta época son Juan de Castellanos y Mateo Rosas de Oquendo, ambos nacidos en España pero asimilados al Nuevo Mundo y cuyas obras nos muestran dos perspectivas distintas de la realidad. Con ellos nace una veta peculiar de la literatura americana: la que concibe la obra literaria como vehículo de expresión de una realidad en la que el escritor se encuentra inmerso. Sus obras son el origen de la vertiente «realista» y «comprometida» de la literatura hispanoamericana, al tiempo que valiosos exponentes del modo como la literatura en lengua española empieza a adquirir su propia fisonomía en tierras americanas.

Juan de Castellanos (1522-1607). Oriundo de Sevilla, pasó a América en su juventud y acabó en Colombia tras recalar en diversos lugares. Escribe un extensísimo poema, de más de cien mil versos, titulado *Elegías de varones ilustres de Indias* (1588, 1.ª parte), en el que pretende hacer una crónica versificada del descubrimiento y la conquista, desde los viajes de Colón hasta la creación del Nuevo Reino de Granada. La valoración literaria del poema no debe oscurecer los límites de su verdadera dimensión y su carácter de auténtico documento histórico, ya que relata acontecimientos vividos por el autor o contados a él de primera mano. Como poema se inscribe en el marco de una poesía épica que prolifera en estos años en América y cuyo modelo y máximo exponente está en *La Araucana* de Alonso de Ercilla. Es decir, una poesía renacentista en la que, aunque todavía permanecen reminiscencias medievales, se percibe una clara toma de postura a favor de nuevas concepciones literarias, evidenciada tanto por la adaptación de los aportes métricos italianos como por la recreación de una épica de ruptura con los viejos dogmas que imponían la unidad de tiempo, acción, personajes y lugar. Todo ello ocurre al incorporarse a la literatura una nueva concepción del mundo que rechaza al héroe como ser superior para privilegiar al representante o portavoz de un grupo, lo cual está reflejando el nuevo estado de conciencia que empieza a implantarse en la sociedad naciente.

Si Juan de Castellanos cifra su atención en una visión retrospectiva de los dirigentes de la conquista —personajes individualizados— con el fin de guardar para la

Yo vide en cierta ocasión
un hombre de muy buen talle
con una cadena de oro
 y término de hombre grave,
que, cierto, lo parecía
en aparato y semblante.
Jubón negro, claza y cuera,
y una camisa de encaje,
y bordada de abalorio
la pretina y talabarte;
bohemio de razo negro,
sembrado de unos cristales
que, entre el fingir de su dueño,
se me fingieron diamantes;
al adrezo de la gorra
con unas perlas muy grandes,
que enlazaban la tuquilla
con sus costosos engastes.
Un águila en la roseta
las uñas llenas de sangre,
una esmeralda en el pecho,
y en las alas dos esmaltes.
Espada y daga dorada,
con sus monturas y entalles,
donde se mostraba un cielo
sobre los hombres de Atlante;
cuatro negros de librea,
más que su señor galanes,
con vestidos amarillos
y sombreros con plumajes.
.....
Vi al caballero que he dicho
estoy por decir en carnes;
un calzón lleno de mugre,
de muy basto cordellate,
un sayo cuyos remiendos
unos de otros se hacen;
las manos presas atrás
como si hubieran de asalle.

De *Sátira de las cosas que pasan en el Perú en 1598.*
Mateo Rosas de Oquendo

posteridad sus grandes hazañas; Mateo Rosas de Oquendo, que prefiere la versión burlona del conquistador, recurre a la crítica y censura de la sociedad peruana, atacando las costumbres de una clase media anónima y despersonalizada pero en plena actividad y proceso de formación.

Mateo Rosas de Oquendo (1559-1612). También sevillano, llegó al Perú en 1589 y dejó escrita una de las sátiras más representativas de la poesía peruana titulada *Sátira de las cosas que pasan en el Perú en 1598*. Poco se sabe sobre el perfil humano de este autor: él mismo se define como hombre de humilde condición, y algunos críticos lo consideran uno de tantos aventureros que llegaron a América en busca de ese mundo de fábula que en España había creado la imaginación de los hombres. La *Sátira* está compuesta por una larga serie de romances en los que el poeta adopta una actitud moralista para censurar los vicios y la corrupción de los hombres y mujeres de la ciudad de Lima. Por lo general utiliza un tono de predicador que se permite no sólo criticar, sino también aconsejar y dar normas de conducta sobre cómo debería ser el comportamiento social en Lima. No obstante la dosis de moralidad a Oquendo no le falta ingenio y agudeza: su sátira transcurre ágil y entretenida con un lenguaje mezclado de giros populares y el habla más culta. Así mismo sabe mantenerse en un inteligente equilibrio entre la sátira ligera y jocosa y la más seria y comprometida, tendencias todas ellas en las que un discreto uso de los procedimientos literarios de la sátira contribuyen a una gran eficacia.

POESÍA BARROCA

Hacia finales del siglo XVI, cuando comienza la etapa de pacificación y asentamiento de la sociedad recién creada, el gobierno virreinal propicia el florecimiento de la cultura fomentando centros de creación y difusión de la literatura. En este sentido, las universidades y los palacios virreinales desempeñaron un papel muy importante junto a las academias literarias que se fueron multiplicando a lo largo del siglo XVII. Bajo su auspicio se organizaron tertulias y certámenes poéticos que signi-

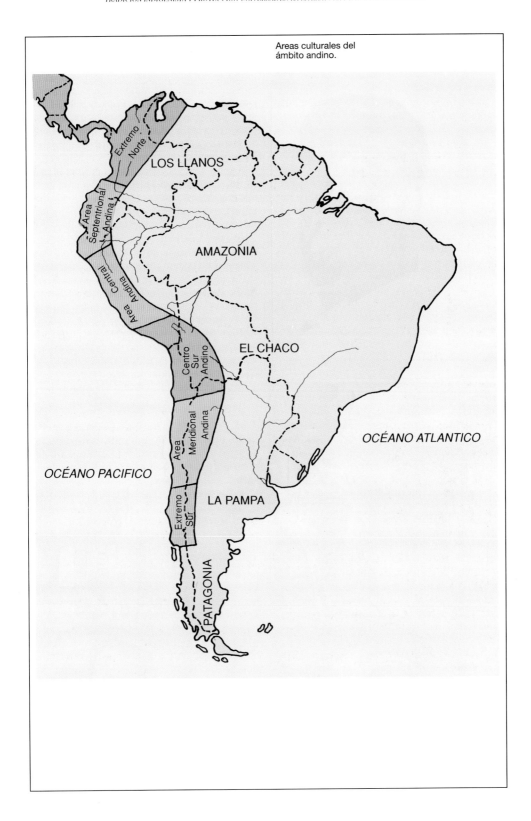

Areas culturales del
ámbito andino.

ficaron un gran aliciente para los nuevos creadores. Ello, unido a las menciones elogiosas de un considerable número de autores americanos, que desde España habían hecho algunos escritores como Lope de Vega y Cervantes, impulsó la actividad literaria.

De gran estímulo sirvió también el contacto directo con escritores españoles que llegaron a América y difundieron las nuevas concepciones estéticas derivadas del Barroco. Este nuevo estilo se instaló en tierras americanas de un modo espontáneo y natural, llegando a convertirse en el vehículo de expresión de una forma de vida urbana y cortesana. El arte, protegido por un gobierno autoritario que no permitía demasiadas libertades, se acogió al uso de alegorías y símbolos para no usar la mención directa, y prefirió la línea quebrada, el retorcimiento y la alusión recargada. De importancia capital fue el conocimiento de la obra de Góngora, incluso antes de su muerte ocurrida en 1627, cuyo estilo peculiar se acoplaba perfectamente a las necesidades de expresión de la sociedad virreinal. El entusiasmo que despertó la obra gongorina creó inmediatamente una corte de seguidores que imprimieron un sello propio al barroco literario denominado por gran parte de la crítica **gongorismo.**

Poesía lírica

En esta situación crece el número de poetas; poetas como sinónimo literatos, ya que la poesía lírica es el género más cultivado. Testimonio de la gran cantidad de escritores que produce esta época lo constituye la abundancia de referencias en antologías o en relaciones nominales de autores. En ellas se citan muchos poetas pero pocos son realmente destacables. Los grandes genios, de haberlos, se pierden en la brevedad de información que a cada uno dedica el historiador o el antólogo y ante la imposibilidad de recurrir a otras fuentes.

Es importante la antología titulada *Discurso en loor de la poesía* recopilada por una escritora anónima en tercetos endecasílabos que todavía ostentan las esencias clásicas del renacimiento. Aparece como prólogo al *Parnaso antártico* (Lima,

1608), obra de otro escritor afincado en Lima llamado Diego Mexía de Fernangil. La autora del *Discurso,* que, de confirmarse su identidad femenina, sería la primera poetisa del Perú y una de las primeras de América, más tarde será bautizada con el nombre literario de **Clarinda,** nombre con el que es conocida en la actualidad. En su nómina reúne poetas de muy distinta calidad pero, aún así, constituye un documento importante para la historia literaria por agrupar a los escritores que compusieron la primera academia literaria del Perú, que llevó por nombre **Antártica.**

Junto a Clarinda hay que citar el seudónimo de **Amarilis** que encubre a otra poetisa, o quizás a la misma, conocida por la carta que envía a Lope de Vega con el título de *Epístola a Berlado* que el español reproduce en su *Filomena* (1621). La *Epístola,* que destila sensibilidad y pasión, se identifica con el *Discurso* en su gusto por las fuentes clásicas y en la utilización de un tono culto y erudito inusual en las mujeres de su época.

Otra antología importante es la que compone el ecuatoriano Jacinto de Evia, *Ramillete de varias flores poéticas* (Madrid, 1676), que incluye poemas suyos junto a otros de su maestro el Padre Bastidas y del colombiano H. Domínguez Camargo. El *Ramillete* está dividido en dos secciones que, unas veces en tono serio y otras jocoso, integran temas muy variados sobre lo humano y lo divino. **Hernando Domínguez Camargo** (1600-1659) es el poeta más distinguido de la antología y uno de los gongoristas más destacados de este período. De su obra se conoce un extenso poema del que hablaremos más adelante y una media docena de composiciones breves, cinco de las cuales reproduce J. de Evia en la sección séptima de su *Ramillete.* Entre ellas, la crítica subraya unánimemente el titulado «A un salto por donde se despeña el arroyo de Chillo», por su indudable valor poético, que lo convierte en una pieza clave de la lírica barroca, y por ser muestra fehaciente de la expresión gongorista en América. El poeta colombiano se inspira en unos versos de la *Soledad segunda* de Góngora y, aunque recoge del español el tema y la estructura metafórica, inviste sus versos de una agilidad y un brillo nuevo que le otorgan un

A UN SALTO POR DONDE SE DESPEÑA EL ARROYO DE CHILLO

Corre arrogante un arroyo
por entre peñas y riscos,
que enjaezado de perlas
es un potro cristalino.
Es el pelo de su cuerpo
de aljófar, tan claro y limpio,
que por cogerle los pelos
le almohazan verdes mirtos.
Ciñele el pecho un petral
de cascabeles tan ricos,
que si no son cisnes de oro,
son ruiseñores de vidrio.
Bátenle el ijar sudante
los acicates de espinos,
y es él tan arrebatado,
que da a cada paso brincos.
Danle sofrenadas peñas
para mitigar sus bríos,
 y es hacer que labre espumas
de mil esponjosos grifos.
Estrella suda de aljófar
en que se suda a sí mismo,
y atropellando sus olas,
da cristalinos relinchos.
Bufando cogollos de agua
desbocado corre el río,
tan colérico, que arroja
a los jinetes alisos.
Hace calle entre el espeso
vulgo de árboles vecino,
que irritan más con sus varas
al caballo a precipicio.
Un corcovo dio soberbio
y a estrellarse ciego vino
en las crestas de un escollo,
gallo de montes altivos.
Dio con la frente en sus puntas,
y de ancas en un abismo,
vertiendo sesos de perlas
por entre adelfas y pinos.
Escarmiento es de arroyuelos,
que se alteran fugitivos,
porque así amansan las peñas
a los potros cristalinos.

De la antología *Ramillete de varas flores
poéticas*
Hernando Domínguez Camargo

carácter original al poema. Los restantes incluidos en la antología no desmerecen a éste en absoluto en el uso de procedimientos culteranos como la metaforización, el hipérbaton, los juegos antitéticos, etc. Sin embargo, y a diferencia del poema citado, ninguno vuelve sobre el tema de la naturaleza sino que se inscriben todos dentro de la tónica de la época que impone un tipo de poesía urbana, circunstancial y laudatoria, con la cual el poeta paga tributo a sus protectores.

La gran cantidad de escritores gongoristas y seudogongoristas que aparecieron a lo largo del siglo XVII arrastró como secuela una situación polémica entre defensores y detractores del estilo de Góngora que se manifestó de varias formas. En Colombia, por ejemplo, Fernando Fernández de Valenzuela (1616-1677), conocido por su portentosa carrera eclesiástica, utilizó la parodia para descalificar rotundamente los excesos culteranos. Su entremés *Laurea crítica,* escrito con un perfecto dominio de los recursos léxicos y sintácticos propios de la lengua de Góngora, es una sátira contra el gongorismo imperante y la actitud imitativa y superficial de ciertos poetas.

Con mucho más vigor sobresale la defensa realizada por **Juan Espinosa Medrano** (1630-1688), apodado El Lunarejo, en su *Apologético en favor de Don Luis de Góngora* (1622) que constituye el primer ensayo de crítica literaria en Hispanoamérica y el primer tratado científico acerca de la obra de Góngora sobre la que después trabajó Dámaso Alonso quien consideró a Espinosa su maestro. De familia humilde —india o mestiza— El Lunarejo destacó en el mundo virreinal por su inteligencia prodigiosa aplicada a distintos campos de conocimiento. Ingresó en el seminario y desarrolló una brillante carrera eclesiástica reconocida tanto en su cátedra de teología como a través del púlpito en el que llegó a ser un afamado predicador. Todo ello le valió varios títulos como el de «Doctor sublime» y «Demóstenes peruano», entre otros. El Lunarejo es un ejemplo poco frecuente de indígena que logra abrirse camino en el ámbito religioso y cultural de una sociedad organizada por criollos. La mayor parte de su obra está constituida por una buena colección de oraciones y sermones panegíricos en alabanza de la virgen y los santos en los que se desborda en citas eruditas; también son importantes varias piezas dramáticas escritas en quechua y español, pero el espaldarazo definitivo lo recibió con el éxito del *Apologético*. El motivo de la composición de esta obra arranca de los ataques que el crítico portugués Manuel de Faria Souza profiere a Góngora sólo para exaltar la figura de Camoens. Esta actitud solivianta a Espinosa, quien decide salir en defensa del poeta español con su *Apologético:* entre la introducción y los doce capítulos desmonta los argumentos del portugués en una prosa que reúne todos los elementos del culteranismo. El autor demuestra su habilidad para la polémica, reconociendo siempre los méritos del oponente con un tono apasionado y elegante. A partir de su formación clásica y de sus conocimientos literarios, Espinosa realiza un minucioso análisis de los valores poéticos de la lengua de Góngora desde su léxico hasta los procedimientos estilísticos, dedicando especial atención a la metáfora y al hipérbaton.

Poesía satírica

Las declaraciones hechas por El Lunarejo en su obra supone la consagración definitiva del gongorismo en el Virreinato del Perú. Pero a partir de entonces lo que cundirá rápidamente es el amaneramiento y la pedantería entre los poetas, cuyas obras, sin embargo, serán acogidas de forma favorable en las academias palaciegas por los virreyes, aristócratas e intelectuales que las frecuentaban. En esta situación en que las formas culteranas degeneran en juegos de artificio de tal manera que llegan a hacer incomprensible cualquier poema, aparece en el panorama literario del Perú **Juan del Valle Caviedes** (fechas desconocidas), una figura que contrasta con la imagen habitual del escritor en esta época, escritor, que podría definirse como intelectual y erudito, de profunda vida religiosa, que necesita crear un tipo de poesía laudatoria con la cual espera ser reconocido socialmente. Caviedes, un autodidacta de entronque popular y antiacademicista, preocupado por denunciar los

abusos de la sociedad limeña en un lenguaje criollo claro y directo, se levanta frente al poder palaciego y eclesiástico y frente al espíritu artificioso que invade la producción literaria oficial.

Caviedes, oriundo de Porcuna (Jaén), sigue de cerca la vena satírica quevedesca hasta el punto de haber sido llamado el «Quevedo peruano». Ello nos indica que la huella del poeta conceptista también se dejó sentir en América aunque, sin duda, su impronta fue menor que la de su contemporáneo Góngora. La mayor parte de la crítica ha sentido la necesidad de rastrear las similitudes entre la expresión satírica del peruano y del español, encontrando afinidades en varios terrenos como los relacionados, por ejemplo, con los procedimientos literarios y especialmente el uso del epíteto; la coincidencia en temas como los relativos a la mujer, el dinero y la medicina; y también la identificación en el sentimiento de amargura ante el mundo, la actitud moralista y el tono mordaz.

Caviedes escribe una obra de crítica social compuesta por poemas sueltos y por un solo libro. Este último, *Diente del Parnaso,* fue redactado en 1693, y está dedicado por entero a los médicos. Con el tiempo, el texto fue dispersándose al no haber sido publicado inmediatamente ya que en su época la edición de un libro era privilegio exclusivo de gente adinerada. Es muy distinto el tono que utiliza Caviedes en el *Diente del Parnaso* del resto de su obra. Una gran dosis de autobiografismo guió la escritura de su sátira contra los médicos, de donde quizá provenga la gran dureza y mordacidad con que trata el tema. Se nos revela en ella un Caviedes incisivo, caústico y, a veces, soez, que contrasta con el poema jocoso y burlesco de sus obras sueltas. La primera nota destacable de su sátira antigalénica es el carácter personalizado de la misma contraviniendo así un requisito primordial de la sátira, consistente en la abstracción o despersonalización de los usos o vicios que se censuran para evitar caer en el libelo. El odio de Caviedes hacia los médicos le lleva a no dejar desatino alguno sin nombrar su autor para zaherirlo directamente. Tiene el hábito de generalizar defectos e individualizar profesionales, denunciando no el mal estado de una ciencia médica sino el quehacer de unos malos médicos. Lo que obsesiona a Caviedes sobre el ejercicio de la medicina es la falta de honestidad y ética profesional cimentada en la libre aplicación de una ciencia no aprendida, con títulos conseguidos, en muchos casos, ilegalmente, y cuyos fines son exclusivamente lucrativos y nunca humanitarios o científicos. La ignorancia, el desprecio hacia el enfermo y la codicia constituyen los valores que sustentan al prototipo de médico censurado por Caviedes. Como poeta del pueblo, recoge no sólo sus propias experiencias con los galenos de la época, sino también el sentir de las clases más pobres, a las que frecuentaba, y la creencia, de raigambre popular, en la ineficacia del poder curativo de los médicos.

En los poemas sueltos, Caviedes censura la realidad de su tiempo valiéndose de los retratos de los tipos más representativos de la sociedad, lo que le otorga también el título de iniciador del costumbrismo. A través de estos tipos expresa pautas de conducta reprobables pero frecuentes en la sociedad que le tocó vivir, como la hipocresía, la pedantería, la codicia, el adulterio, etc. Caviedes ofrece un amplio cuadro de sátiras de oficio en donde aparecen tipos como el poeta, el abogado, el catedrático, el falso noble, etc., en donde la ironía y la burla ligera dan el tono dominante, permitiéndose, a veces, algunos preceptos éticos y consejos a modo de recetas de moralidad que nos enseñan su rectitud de principios y su profunda conciencia religiosa.

En la producción poética de Caviedes hay que destacar un grupo, que contiene poesía amorosa, religiosa y circunstancial, inscrito también dentro de la preceptiva conceptista, y que ofrece un punto contrastivo con su poesía satírica. En cualquier caso su obra no muestra una gran perfección estilística debida acaso a falta de revisión y corrección o quiza a las naturales transformaciones producidas por su paso de mano en mano a través del tiempo. Lo que resulta ineludible es su faceta de poeta popular contrario al afectado culteranismo reinante.

Caviedes es continuador de Rosas de Oquendo en el uso de la sátira, y su obra, como la de aquél, es exponente de una literatura de carácter realista y comprometi-

Momia perteneciente a la civilización de Paracas, 1200 a.JC.- 100 d.JC., Museo del Oro, Lima.

da que irá siempre emparejada y enfrentada a otra que aparentemente no lo es, por su preocupación predominantemente esteticista. Esta vertiente satírico-realista que tendrá su proyección en el poeta de compromiso social del siglo XX, se prolonga en la siguiente centuria con Esteban de Terralla y Landa, también de origen español como sus antecesores, quien consigue una gran popularidad con el éxito de su obra *Lima por dentro y por fuera* que publica con el seudónimo de Simón Ayanque en 1783.

Poesía religiosa

El espíritu contrarreformista de la época impone la necesidad de afianzar unas señas de identidad religiosa que se extienda por todo el imperio español. Como reflejo de esta realidad se produce un enorme corpus de poesía religiosa en la que se utilizan los signos del catolicismo para ensalzar sus valores: se canta a la Virgen María junto a santos y a mártires de la fe como imágenes vivas de la Iglesia católica. La figura de Cristo y de alguno de los grandes patriarcas como Santo Tomás de Aquino y San Ignacio de Loyola capitalizan, como personajes principales, la acción de numerosos poemas. Raro será el poeta de este momento que no contabilice entre su producción alguna composición religiosa de signo marcadamente católico. Así ocurre entre los poetas ya mencionados y en otros más que veremos a continuación.

De la producción poética religiosa destaca con mayor importancia un grupo de poemas mayores, otro de composiciones más breves. Entre estos últimos cabe reseñar una serie de *Sagradas poesías* (Sevilla, 1612) del sevillano, instalado en Bolivia, Luis de Ribera (1555-1612) cuyos versos se han comparado con los de Fray Luis de León y Herrera.

Otras composiciones que merece la pena mencionarse son las que se incluyen en la segunda parte del *Parnaso Antártico*, escrito en 1617 por el ya mencionado Diego Mexía de Fernangil, poeta nacido en Sevilla que tuvo un papel importante en la vida social y cultural de la capital del virreinato peruano. Aunque llegó a América

guiado por el espíritu aventurero de tantos otros, realizó la traducción de las *Heroidas* de Virgilio (primera parte del *Parnaso Antártico,* 1608) y es un autor que tuvo una gran repercusión en la literatura del momento y a cuya difusión contribuyó en gran medida. Por otra parte, su profesión de librero le permitió acceder directamente a los ambientes literarios, con los que se mantuvo muy relacionado; además su nombramiento como ministro de la Inquisición en la vista y corrección de libros le otorgó un notorio poder en el mismo medio. Su profundo catolicismo, que le llevó a lanzar duros ataques contra Lutero, es el que le asiste también en la creación de su obra religiosa. En total escribió una *Epístola a la Virgen,* poema en tercetos, y doscientos sonetos inspirados en unas estampas de Cristo, coleccionadas en Potosí. Ante la visión de esos dibujos quedó tan impresionado que resolvió dedicar un soneto a cada uno de ellos, en cuyos versos va relatando episodios de la vida de Cristo en un tono de carácter ascético.

De estilo y tono diferente es el poema titulado *El Angélico* (Murcia, 1645), escrito en quintillas, en honor de Santo Tomás por Fray Adriano de Alicio (¿-1650). Este fraile dominico limeño, calígrafo y miniaturista, escribió una vida de Fray Martín de Porres y otros poemas de carácter circunstancial y es uno de los más fervientes seguidores de Góngora. Su poema henchido de sentimiento e intuición, se resiente, en cambio, por el abuso de procedimientos gongorinos y por la minuciosidad y el detallismo con que relata la vida de Santo Tomás.

También es digno de mencionar aquí al jesuita ecuatoriano Juan Bautista Aguirre (1725-1786) conocido por su afán de experimentación y por su espíritu crítico. Fue catedrático de filosofía y teología moral en la Universidad de San Gregorio Magno de Quito en cuyo claustro introdujo los aires revolucionarios que emergían en su época. Gozaba de gran prestigio cuando los jesuitas fueron expulsados y su obligada estancia en Italia acrecentó la fama de hombre sabio que ya se había ganado. A pesar de su personalidad innovadora, contagiada de la Ilustración, fue uno de los últimos gongoristas de Hispanoamérica. Por su anacronismo la obra poética de

Aguirre permaneció inédita hasta el siglo XX, cuando la obra gongorina fue rescatada. Además de su poesía de tema amoroso, descriptivo y satírico, es notable su creación religiosa inspirada sobre todo en la Biblia y de evidente filiación española en lo que al estilo se refiere.

Pero mayor relevancia literaria alcanzan los dos poemas mayores de asunto religioso correspondientes al género épico: *La Cristiada* (1611) y *San Ignacio de Loyola. Poema heroico* (1666). **Diego de Hojeda** nació en Sevilla (1571?-1615). En Lima ingresó muy joven en la orden de los dominicos donde llegó a ser profesor de teología. Se dio a conocer como hombre austero, piadoso y caritativo y, en reconocimiento a su temperamento y valía, se le concedieron varios cargos de responsabilidad en la orden, llegando a ocupar el priorato de Lima. Participó activamente en la vida cultural del virreinato, produciendo poemas laudatorios y trabajos de encargo que le supusieron un gran prestigio y le relacionaron con los hombres de letras de entonces, entre los cuales ocupó un lugar significativo que le hizo merecer una mención en la ya citada antología de la poesía anónima Clarinda.

Su poema *La Cristiada,* escrito en octavas reales, estrofa propia de la épica, se compone de doce cantos en los que narra de forma desigual la pasión y muerte de Jesucristo. Junto a fragmaentos de hondura, sentimiento y aciertos poéticos, discurren otros, pobres de recursos y vulgares en la expresión. Guiado por la filosofía tomista y el espíritu de la Contrarreforma, Hojeda pretende construir un poema teológico para el que utiliza como base temática la Biblia y como referencia literaria la clásica de Virgilio y la contemporánea de la mística y la épica renacentista italiana. De todas ellas aprende a afrontar dignamente un tema que entraña enormes dificultades y logra orquestar procedimientos que mantienen la agilidad dicursiva y el interés de la lectura. El poema presenta una gran dinamicidad derivada tanto de la diversidad de los recursos estilísticos de que se vale como del movimiento vertical que establece una comunicación espacial entre cielo, tierra e infierno; y del juego temporal con el pasado, el presente y el futuro, que sirven para entrelazar el plano

Representación de una fiesta religiosa en el mundo incaico.

natural y el sobrenatural. El personaje central, Cristo, aparece en su doble condición de hombre y de Dios con todas las contradicciones que ello implica y las subsiguientes dificultades que afectan al personaje como héroe épico. Sin embargo, Hojeda lo utiliza para profundizar en el carácter de Cristo y en el sentido ecuménico de su pasión, consiguiendo un personalísimo poema épico-religioso.

El bogotano **Hernando Domínguez Camargo** (1606-1659) escribe otro largo poema religioso publicado póstumamente en Madrid en 1666 sobre la vida del fundador de la Compañía de Jesús. Su *San Ignacio de Loyola. Poema heroico* recoge el período comprendido desde el nacimiento del santo hasta su partida hacia Roma para fundar la Compañía. Este poema sobresale entre los muchos que, tanto en Europa como en América, se le dedican a San Ignacio para destacar su figura luchadora y su espíritu contrarreformista y católico. El autor, de familia extremeña, ingresó joven en la Compañía de Jesús en Tunja, pero fue expulsado por motivos desconocidos, a pesar de lo cual ejerció el

Puñal, ceremonial de la cultura Chimú, siglos XI-XV, Museo Nacional de Arqueología, Lima.

sacerdocio tras obtener la dispensa en distintas localidades, hasta su regreso a Tunja, donde escribió su extenso, aunque inconcluso, poema.

Se le ha considerado el primogénito de Góngora por ser el más fiel de sus innumerables continuadores. Precisamente por este hecho fue un poeta olvidado hasta que la generación del 27 rescató a Góngora y descubrió a sus seguidores. Gerardo Diego dio a conocer su obra en la antología que confeccionó en honor del poeta español y Dámaso Alonso emitió los primeros juicios laudatorios sobre el colombiano. A partir de ese momento comenzaron a hacerse estudios valorativos de la obra de Camargo y análisis comparativos con la de Góngora. Estos últimos reflejan la forma sorprendente en que Camargo asimiló el estilo de su maestro, sobrepasando los límites de la simple imitación para lograr auténticas creaciones poéticas. El autor reúne todos los procedimientos culteranos inspirados en Góngora para realzar la imagen del protagonista, San Ignacio, baluarte del catolicismo y abanderado de la contrarreforma. Pero, además, para dar la visión de una realidad en la cual privilegia el entorno natural que se erige ante el lector con toda la fuerza de lo vivo y lo sensual, desviando el poema de su trayectoria épica para llevarlo por el camino de la lírica.

PROSA VIRREINAL

El género en prosa que se impone con mayor vitalidad en esta época es la crónica, que nace de la necesidad de informar a España tanto sobre los acontecimientos de la conquista y el comportamiento de sus héroes como de la realidad del nuevo mundo conquistado y el carácter de sus habitantes. Aquí mencionaremos, por no invadir otros territorios, sólo aquellos autores cuyas obras guardan un sentido estético literario y se internan en los caminos de la prosa de ficción. Destacaremos, por tanto, los escritos del Inca Garcilaso de la Vega y de Juan Rodríguez Freyle, que, a pesar de su inicial propósito informativo, adquieren un puesto significativo en la historia literaria. Asimismo, hablaremos de la obra de Juan Mogrovejo de la Cerda

Muro del Palacio
Tschudi, cultura Chimú,
Perú.

considerada como primicia novelesca de la época.

El **Inca Garcilaso de la Vega** (1539-1616) es una figura rodeada de cierto halo legendario que consigue mayor fama que sus contemporáneos, debido, sin duda, a su especial condición de mestizo y al tono que imprimió a su obra mezclada de sentimientos españoles e incas. Los primeros veinte años de su vida transcurrieron en el ambiente materno de la nobleza incaica con predominio de la lengua y la cultura quechua. Después pasó una etapa con el padre en la que se relaciona con la sociedad criolla, sufriendo un proceso de españolización que culmina con su llegada a España en 1560. Su residencia habitual la establece en Montilla donde vive, salvo pequeñas interrupciones, unos treinta años en el transcurso de los cuales va madurando y componiendo su obra. Su mestizaje es, por tanto, no sólo sanguíneo, sino también cultural ya que, en el seno de su familia, pudo compartir una doble educación que le permitió conocer directamente su pasado cultural y asimilar de forma natural su pertenencia a dos civilizaciones.

Esta situación personal no obsta para que Garcilaso se inscriba dentro del modelo renacentista de hombre dedicado a las armas y a las letras. Como soldado intervino en varias campañas, alcanzando el grado de capitán, pero su afición a las letras acabó imponiéndose sobre la vida militar. En primer lugar realizó una traducción de *Los diálogos de amor* (1590) de León Hebreo. Más adelante, su interés por investigar y profundizar en sus raíces le condujo a la lectura de cronistas de América dando como resultado sus obras de carácter histórico por las que es conocido. Se inició con *La Florida del Inca* (Lisboa, 1609) que ha sido altamente valorada por la crítica; pero la obra que le consagró definitivamente fue *Los comentarios reales* (Lisboa, 1609) que completó con una segunda parte a la que los historiadores denominaron *Historia General del Perú* (Córdoba, 1617).

Los Comentarios recogen el origen de los incas y las formas culturales, políticas y sociales del Perú prehispánico. Su autor reivindica con orgullo los valores del pueblo inca, mezclando en su relato la historia, la leyenda y el mito. La segunda parte comprende la conquista española hasta los años de su infancia. Dado su origen quechua y su actitud testimonial ante los hechos, Garcilaso logró impregnar su obra de un tinte verista que impedía poner en duda su autenticidad histórica. Sin embargo, a finales del siglo XIX se realizó una amplia revisión de la misma que proporcionó datos diversos sobre la intención y la ideología del autor que menguan su credibilidad. A partir de entonces se abre una nueva perspectiva de análisis que, sin menoscabo del prestigio de la obra garcilasista, tiende a su valoración literaria por encima de sus méritos como aportación histórica. Comenzó por apreciarse el valor poético de su prosa, considerada única entre los cronistas, lo cual se hace evidente, sobre todo, en las descripciones; la función expresiva de la lengua se hace especialmente relevante cuando el narrador habla en primera persona imponiendo un tono emotivo y coloquial al texto. También se puso de manifiesto la vocación narradora del Inca ante el gran número de relatos intercalados entre la materia histórica que, además de producir el dinamismo y la variedad requeridos para amenizar la lectura, según las convenciones literarias, son focos de atención que sintetizan situaciones históricas y constituyen un preludio de cuento actual hispanoamericano. Es así que actualmente se considera a Garcilaso como el primer gran narrador hispanoamericano. Él vuelca en la escritura su propia crisis de identidad a través de tensiones que reflejan su personalidad conflictiva, y con ello se convierte en la imagen viva del mestizaje de la actual sociedad peruana. Con una prosa muy elaborada, propia de un hombre de sólida formación renacentista, instaura un nuevo discurso mestizo de naturaleza crítica a través del cual crea, en definitiva, otra forma de interpretar la realidad americana.

Juan Rodríguez Freyle (1566-?), bogotano, hijo de los primeros pobladores españoles de la actual Colombia, inaugura una generación con conciencia de su verdadera identidad criolla. Él mismo nos proporciona las referencias a su personalidad conocidas hasta ahora: soldado, buscador de oro, agricultor y, en suma, hombre de bien que vivió su tiempo en un discreto anonimato. Entre 1636 y 1638 escribe una crónica del descubrimiento y la conquista de su patria a la que titula, según la costumbre de la época, con un extensísimo título pero que ha llegado hasta nosotros con el nombre de *El carnero* (inédita hasta 1866). Sobre la explicación de este título se han hecho numerosas conjeturas: del vocablo «carnero», la crítica ha recogido una veintena de acepciones distintas, tratando de hallar la significación más ajustada al título, sin resultados definitivos todavía. La interpretación más reciente, debida a Jaime Delgado, remite a la primera figura del zodiaco, llamado en latín Aries, de donde procede ariete que, en sentido figurado, es la «persona que defiende o ataca con firmeza en una lucha o discusión» *(Historia 16,* 1986). El plan general de la obra se asemeja al de las crónicas de su época, incluso desde el largo título descriptivo con que se inicia y, aunque el autor pretende hacer historia y de inmediato se percibe el talante historicista de la obra, una lectura detenida abre la posibilidad de inscribirla en el ámbito novelesco mejor que en el histórico. En la actualidad, el número de opiniones que defiende el valor histórico de *El carnero* es superado ampliamente por el de aquellos que la postergan como crónica fiable para considerarla narración novelada con elementos del costumbrismo y la sátira. Sobre el armazón de la crónica se organizan diversos discursos a base de disgresiones morales, opiniones personales, relatos, a los que el autor llama «casos», etc. Todo ello dominado por la omnipresencia del relator que maneja todos los hilos y otorga una gran dosis de subjetividad al texto.

El principal contenido narrativo de la obra procede de los abundantes relatos intercalados que constituyen el componente primordial del texto. Estas interpolaciones, muchas de las cuales poseen auténticas estructuras narrativas, cumplen un papel semejante al ya anotado más arriba a propósito del mismo procedimiento utilizado por el Inca Garcilaso, y además revelan problemas sociales, económicos y religiosos de la época. Los variados temas que tratan (magia, brujería, celos, adulterio, falsificaciones, etc.) nos adentran en la vida cotidiana de la Nueva Granada con un lenguaje coloquial, llano y sencillo, con rasgos casticistas y locales que sirven de contrapunto a fragmentos de preferencia histórica o moralizante plenos, de retórica y erudición. Juan Rodríguez Freyle se acerca a la imagen del novelista por su posición individual de acercamiento a la realidad desde la que ofrece su propia interpretación del entorno. Él prefiere narrar lo anecdótico, íntimo y privado por encima del eje central, sobre el que gravitan los hechos motores de la historia, y ello le permite entrar en situaciones o sucesos humanos que le exigen el esfuerzo literario del cuentista. Esfuerzo que obliga a la crítica a considerarlo uno de los iniciadores de la narrativa actual.

La obra de **Juan Mogrovejo de la Cerda** (¿-1664) constituye una de las primeras muestras de la prosa literaria hispanoamericana. Sobre el autor se tiene muy pocas referencias salvo que era de ilustrísima familia española, descendiente de la casa de Medinaceli, y que pasó joven al Perú. Fue regidor de la ciudad de Cuzco y más tarde elegido alcalde. Hombre de gran cultura humanística, se integró fácilmente en el ambiente peruano y fue un gran amante de la ciudad de Cuzco a la que se dedicó con gran entusiasmo desde los distintos cargos públicos que ocupó. Sobre esta ciudad compuso una crónica publicada en 1690. Aunque se le atribuyen otras obras más, interesa destacar aquí un relato titulado *La endiablada*, escrito al parecer en 1626 (1.ª edición 1975, *Rev. Iberoamericana*. núm. 91, XLI, Pittsburg).

El argumento de esta obra, que puede considerarse una novela corta, transcurre en el plazo de una noche, entre dos calles de Lima donde el narrador escucha la conversación que entablan los protagonistas del relato: dos diablos configuradores de realidades sociales. Uno es chapetón, es decir, recién llegado de España e ignorante de las costumbres americanas. El otro es baqueano o criollo y, por tanto, buen conocedor del marco en que se sitúan. A través de sus palabras, cargadas a veces de reminiscencias picarescas, el lector entra en una realidad social plagada de vicios y defectos a los que censura desde la perspectiva crítica que adoptan los personajes. Éstos parecen recogidos de la tradición popular española —arraigada muy rápidamente en América— que inmortalizó más tarde Vélez de Guevara en *El diablo co-*

juelo (1641). Ahora bien, por el tono satírico que prevalece en la obra, así como su intención moralizante, remite al lector a los *Sueños* de Quevedo, autor cuya influencia se hace patente tanto en los temas como en el lenguaje y los procedimientos burlescos. Más allá de influencias literarias españolas, la obra traduce una realidad escindida producto del enfrentamiento entre los dos estratos dominantes en la sociedad peruana virreinal. Este enfrentamiento, de orden referencial, cuyo final sólo podrá vislumbrarse después de las luchas de la Independencia, contribuye a crear una gran tensión interna que mantiene vivo el relato.

LA ILUSTRACION

Los últimos años del virreinato están determinados por las modificaciones políticas y sociales que se producen con la llegada de la Casa de Borbón a la corona española. Además, en Hispanoamérica empieza a despertarse la conciencia de una identidad nacional reforzada por los conocimientos científicos que divulgan investigadores europeos enviados a tierras americanas en distintas expediciones patrocinadas por la metrópoli. La ciencia y la razón presiden la vida cultural de la época organizada, en buena medida, en torno a tertulias y sociedades que terminan por convertirse en laboratorios científicos y literarios. Los escritores dan muestras de un saber erudito que sobrepasa los límites de la pura creación literaria para convertirse en impulsores de una nueva cultura ilustrada.

A mediados del siglo XVIII se producen los primeros cambios que anuncian una nueva época; de manera que cuando de Europa llega el espíritu criticista de la Ilustración, se vive ya un momento prerrevolucionario y prerromántico que origina un Neoclasicismo con ansias de libertad *sui generis* en Hispanoamérica. La literatura comienza un proceso de secularización frente al dominio religioso en el que se desarrolla durante el Barroco, y formula una nueva visión del mundo dictada por el racionalismo. Como vehículo de expresión de las preocupaciones de la época emergen géneros poco frecuentados hasta el momento como el periodismo, la oratoria y el ensayo científico. También aparecen las primeras manifestaciones de la novela moderna. El lenguaje rechaza la ornamentación barroca que dificulta su comprensión para acercarse a la lengua hablada más directa y de mayor eficacia para la nueva función social que adopta la literatura encaminada a la educación popular.

El primer acercamiento a la cultura francesa ilustrada se produce en el Perú en la figura de **Pedro de Peralta y Barnuevo** (1664-1743) cuando todavía pervive el gusto barroco, degenerado por la artificialidad y los excesos verbales. Peralta y Barnuevo es un personaje excepcional prototipo del hombre ilustrado cuya conciencia abarca un saber enciclopédico. Su actividad fue múltiple y muy cercana al gabinete del virrey, quien le brindó toda su confianza y le otorgó los cargos de consejero personal, ingeniero militar y cosmógrafo mayor del reino. Su extensa obra literaria se compone de creaciones de toda índole: poemas laudatorios y de circunstancias, como el *Apolo fúnebre* con motivo del terremoto de 1687; poemas líricos,

Retrato de un músico aymara.

cuya nota más destacable es su carácter religiosos de marcada tendencia barroca; poemas épicos, como la *Lima fundada* (1732), crónica rimada que se remonta a los tiempos de la conquista de Pizarro, inspirada en la epopeya clásica y de una gran lentitud por lo minucioso de la narración y la sobrecarga de erudición y de figuras literarias.

La obra más estimada por la crítica corresponde a las piezas teatrales. Como dramaturgo, Peralta sobresalió por su papel de introductor del teatro francés en los escenarios hispánicos a través de traducciones y adaptaciones. Tal es el caso de *La Rodoguna* de Corneille, de la que el sabio peruano realizó una original versión que mereció que algunos críticos la considerasen lo mejor de su teatro. Además, son muy conocidas dos piezas originales: *Triunfos de amor y poder* y *Afectos vencen finezas*. La primera, de tema mitológico, fue representada en 1711 en el palacio virreinal con motivo de una celebración. Es una obra de gran aparato escénico, con un acompañamiento musical que la acerca a la zarzuela. Aunque todavía persiste en ella el barroquismo, y la influencia de Calderón es en ocasiones patente, la veta innovadora francesa puede advertirse bajo la influencia de Moliére. En 1720 estrenó en el teatro de Lima la segunda pieza, en la cual se aprecia todavía la pervivencia de un barroquismo recargado y, a veces, ininteligible. Peralta incorpora a sus piezas mayores otras de tono más ligero como «loas», «bailes», «fin de fiesta», en las que demuestra una mayor habilidad en el manejo de los procedimeintos escénicos.

Otra figura de este período digna de ser tenida en cuenta es el peruano **Pablo de Olavide** (1725-1803) que está considerado por un sector de la crítica actual como el primer novelista moderno de Hispanoamérica. Olavide encarna al tipo de hombre racionalista que lucha vehementemente por la cultura y el progreso convencido de la necesidad de reformas radicales en la sociedad. Personaje excéntrico, sin demasiados escrúpulos y de vaivenes constantes entre el éxito fácil y la caída fulminante, desarrolló una intensa actividad política y social tanto en su país como en España donde ocupó cargos de gran responsabilidad en el gobierno ilustrado de

Carlos III, con quien colaboró en la creación de una España moderna.

Su primera novela *Evangelio en triunfo o historia de un filósofo* (Valencia, 1797) tuvo un éxito editorial sin precedentes y acrecentó enormemente la fama de la que ya empezaba a disfrutar. Olavide, que recurre a la forma epistolar, critica a lo largo de 41 cartas las ideas libertarias de los filósofos ilustrados y expone, como contraposición, las ventajas de la religión cristiana. La obra se configura como una apología del cristianismo pero sin abandonar la perspectiva ilustrada, que concibe la literatura como vehículo educativo del pueblo por la vía de la razón. Recientemente se han descubierto siete novelas más, cuyas metas persisten en el afán edificante y moralizador de la primera. Se esfuerza de este modo la posición racionalista en la que se sitúa Olavide, dando testimonio de sus convicciones como hombre ilustrado totalmente inmerso en su época.

LITERATURA Y EMANCIPACION

En la confluencia entre el siglo XVIII y el siglo XIX la producción literaria asume un compromiso político acorde con el proceso de la independencia de las colonias españolas. Este momento histórico, que ya se venía gestando desde antiguo, se vio grandemente impulsado con la llegada de las ideas racionalistas e ilustradas, y por los logros de la Revolución Francesa y la Independencia de los Estados Unidos. Hay un grupo de escritores propulsores de la emancipación, que otorgan a sus creaciones una función política e ideológica inductora, con el fin de despertar el sentimiento patriótico de sus contemporáneos y de animarlos a la lucha. En una sociedad en que la figura del intelectual y el político empiezan a identificarse, ellos son los encargados de iniciar el movimiento revolucionario y la fuerza intelectual rebelde que quebrante los cimientos de unas instituciones ya debilitadas. La producción de una literatura en prosa a base de proclamas, discursos, cartas, etc., de tono exaltado, rebelde y patriótico será el arma eficaz para sus fines.

En Ecuador destaca la personalidad de **Eugenio Santa Cruz y Espejo** (1749-1795), quiteño de origen humilde y ascendencia indígena que, a pesar de lo cual, realizó estudios universitarios en derecho y medicina. Obtuvo el privilegio de ser el primer bibliotecario de Quito. Su talante progresista cristalizó en la fundación de la **Sociedad económica de amigos del país** de la que también fue secretario. Asímismo fue el redactor del periódico *Las primicias de la cultura de Quito* que se publicó en 1791, como órgano de la antedicha sociedad, convirtiéndose así en el primer periodista ecuatoriano. Al final de su vida Espejo concibió un ambicioso plan de emancipación que se extendía a todas las colonias, de manera que éstas actuasen al unísono contra la metrópoli. Sin embargo, por motivos puramente casuales, el plan fue descubierto antes de que pudiese ser ejecutado. La gran consideración social que había obtenido como científico, no evitó que, a causa de sus ideas independentistas, fuese perseguido por el gobierno virreinal y encerrado en prisión varias veces. Al final la carcel le deparó una dura existencia, difinitivamente malograda tras una larga agonía.

Además de algunas obras de carácter científico, la mayor parte de la producción de Espejo la componen sermones y panegíricos de asunto religioso. Su obra puramente literaria se vierte en tres libros: *El nuevo Luciano de Quito* (1779), *Marco Porcio Catón* (1780) y *La ciencia blancardina* (1781). El más significativo es *El nuevo Luciano* inspirado en los diálogos satíricos de Luciano de Samosata. A través de nueve conversaciones Espejo expresa su visión de la sociedad, manifestando de forma especial la necesidad de reformar los sistemas pedagógicos. Con un tono irónico propio de la sátira, Espejo escribe desde la perspectiva reformista autocrítica y edificante del racionalista ilustrado que era con el sano propósito, aunque incomprendido, de mejorar el nivel sociocultural de los quiteños.

La lectura de libros extranjeros cuya ideología nutre los planes hispanoamericanos de emancipación se convierte en una exigencia de los intelectuales revolucionarios y la necesidad de su difusión propicia la modalidad literaria de la traducción. Esta práctica se impondrá ahora no sólo por las obras cuyo contenido ideológico interesa a los propósitos revolucionarios sino por aquellas grandes obras de la literatura universal cuya lectura significa un ensanchamiento intelectual liberador de la influencia ejercida durante siglos por la cultura metropolitana. Dentro de ese marco cabe destacar la primera traducción al español de los *Derechos del hombre* realizada en 1794 por el colombiano **Antonio Nariño** (1760-1823), quien llegó a ser, tras diversas vicisitudes, vicepresidente de la gran Colombia. El grueso de su obra es producto de su actividad política y está constituida por discursos, manifiestos, cartas y artículos peridísticos, todos ellos recogidos por el ideario de la revolución.

Dos años antes de la traducción de los *Derechos del hombre* y con motivo del tercer centenario del descubrimiento, el peruano **Juan Pablo Vizcardo** (1747-1798), exjesuita, había escrito desde su destierro de París su *Carta a los españoles americanos* en la que hacía expresa la primera declaración de la independencia. La emancipación debía llegar, según él, como culminación de un proceso natural y como exigencia de la sociedad americana que había alcanzado la madurez después de tres siglos de esclavitud e injusticia. Vizcardo, que era un hombre de sólida formación ilustrada y creía firmemente en los principios de libertad, igualdad y fraternidad, se vio obligado a escribir su carta ante la indignación que le causó el recrudecimiento de la represión colonial que se estaba efectuando en el Perú como respuesta a los distintos puntos de rebelión que se habían producido. El más importante de ellos, la rebelión de Tupac Amaru, provocó subsiguientes violaciones de los derechos del ciudadano indígena y también la prohibición de todo libro que exaltase su cultura, como fue el caso de los *Comentarios reales* del Inca Garcilaso.

La personalidad literaria más relevante de este momento es **Simón Bolívar** (1783-1830) que tuvo una decidida actuación en los países del Ande. Hombre humanista, muy culto, en él se integran facetas múltiples entre las que no desmerece en absoluto la de literato. En su extensa obra se cuentan más de trescientas cartas, ensayos políticos y sociales, proclamas y discursos; de ellos desta-

ca el *Discurso en el congreso de Angostura* y el *Discurso del congreso de Lima*, así como el *Manifiesto de Cartagena*. Pero más específicamente literarios son sus trabajos de crítica literaria, en los que sorprende su agudeza de análisis, y la prosa poemática de *Mi delirio en el Chimborazo,* escrita con un lenguaje desbordante de imágenes y pleno de emotividad. Bolívar emprendió una revolución en la lengua castellana que, sin embargo, quedó ahogada por su actuación política. Con su estilo ligero, de frase corta, léxico apasionado e imágenes originales arremetió contra el retoricismo de la época, poco eficaz para el mensaje urgente y rotundo que deseaba transmitir.

En el transcurso de la lucha armada por la liberación de los pueblos hispanoamericanos tiene lugar un tipo de producción literaria exaltada y patriótica que se manifiesta fundamentalmente a través de la poesía. Se escriben poemas heroicos con el fin de ensalzar a los grandes dirigentes y glorificar las victorias obtenidas: ideas libertarias y un nuevo sentimiento de patria empieza a instalarse en estas composiciones que llegaron a hacerse muy populares en su época. Muchas de ellas son canciones, letrillas o romances que cantaban el pueblo espontáneamente, pero otras constituyen la mejor creación de notables escritores de la literatura hispanoamericana.

Así ocurre con el ecuatoriano **José Joaquín Olmedo** (1780-1847) que inicia muy joven una carrera política a la cual dedicó toda su vida. Comenzó como diputado en las Cortes de Cádiz de las que también fue secretario; después de la victoria de Ayacucho Bolívar lo designó ministro plenipotenciario del Perú en Londres y París. De vuelta a su patria tomó una activa participación en el nacimiento del Ecuador como país independiente, que culminó durante el primer gobierno constitucional en que desempeñó el cargo más alto de su carrera política como vicepresidente de la República.

Aparte de valiosas traducciones de Pope, Polignac y Píndaro, entre otros autores, su obra poética deriva hacia dos sectores. Por un lado, un grupo de composiciones de tema variado. Son poemas de fuerte filiación neoclásica en los que, aunque predominan los temas de carácter

A LA VICTORIA DE JUNIN

El trueno horrendo que en fragor revienta
y sordo retumbando se dilata
por la inflamada esfera,
al Dios anuncia que en el cielo impera.

Y el rayo que Junín rompe y ahuyenta
la hispana muchedumbre
que, más feroz que nunca, amenazaba,
a sangre y fuego, eterna servidumbre,
y el canto de victoria
que en ecos mil discurre, ensordeciendo
el hondo valle y enriscada cumbre,
proclaman a Bolívar en la tierra
árbitro de la paz y de la guerra.

Las soberbias pirámides que al cielo
el arte humano osado levantaba
para hablar a los siglos y naciones
—templos de esclavas manos
deificaban en pompa a sus tiranos—,
ludibrio son del tiempo, que con su ala
débil, las toca y las derriba al suelo
después que en fácil fuego el fugaz viento
borró sus mentirosas inscripciones;
y bajo los escombros confundido
entre la sombra del eterno olvido
—¡oh de ambición y miseria ejemplo!—,
el sacerdote yace, el dios y el templo.

Mas los sublimes montes cuya frente
a la región etérea se levanta,
que ven las tempestades a su planta
brillar, rugir, romperse, disiparse,
los Andes, las enormes, estupendas
moles sentadas sobre bases de oro,
la tierra con su peso equilibrando,
jamás se moverán. Ellos, burlando
de ajena envidia y del protervo tiempo
la furia y el poder, serán eternos
de libertad y de victoria heraldos,
que con eco profundo,
a la postrema edad dirán del mundo:
«Nosotros vimos de Junín el campo,
vimos que al desplegarse
del Perú y de Colombia las banderas,
se turban las legiones altaneras,
huye el fiero español despavorido,
o pide paz rendido.
Venció Bolívar, el Perú fue libre,
y en triunfal pompa libertad sagrada
en el templo del Sol fue colocada.»

José Joaquín Olmedo

circunstancial, no están ausentes los contenidos patrióticos. Por otro lado, los dos cantos heroicos que le dan mayor fama: *La Victoria de Junin* y el *Canto al general Flores*.

Entre los dos, el canto de mayor alcance fue el primero, publicado en Guayaquil en 1825 (la edición definitiva se hizo en Londres en 1826) y pronto fue una composición obligada en todas las antologías de la poesía hispanoamericana. Olmedo canta en él la victoria definitiva contra los españoles y exalta la figura de su máximo general, Simón Bolívar, a quien equipara con Júpiter. Bolívar fue precisamente el primer crítico del poema y aunque rechazó aspectos que consideraba inapropiados llegó a la conclusión de que en algunos momentos superaba a ciertos poemas clásicos por los altos ideales que regían el canto y porque estimaba que su versificación era sublime. Es un poema netamente neoclásico que, aunque procura seguir fielmente a sus modelos clásicos (Homero, Virgilio, Horacio, Píndaro, Lucrecio) y españoles (Herrera y Quintana), no deja de conseguir grandes aciertos expresivos de enorme originalidad, obtenida por el uso apropiado del tono, el ritmo, la métrica, el vocabulario y otros recursos estilísticos como onomatopeyas, hipérboles, imprecaciones, etc.

En Perú hay que mencionar a **Mariano Melgar** (1790-1815), hombre de cultura humanística y personalidad precoz que desde muy joven se dedica al estudio de materias tan variadas como filosofía, teología, matemáticas, historia, geografía, derecho, idiomas, arquitectura, y, además, al cultivo de bellas artes como la pintura y la música. Sus ideas emancipadoras se vuelven acción en 1814 con motivo de la revolución de Cuzco en la que desempeña la función de auditor de guerra hasta la batalla de Humachiri, en la que, tras caer prisionero, muere fusilado en plena juventud.

Aparte de algunas fábulas poéticas y traducciones de Ovidio y los Salmos, la aportación de Melgar a la literatura se centra en el sentimiento de reivindicación indígena que impregna su poesía patriótica, visible sobre todo en la «Oda a la Libertad» en la que continúa la línea inaugurada por el Inca Garcilaso de la Vega a partir de la cual siembra algunas inquietudes indigenistas durante el siglo XIX. En este tipo de poemas todavía sigue a los modelos clásicos y sobre todo a Fernando de Herrera, pero Melgar inicia una poesía de tendencia romántica a raíz de unas experiencias personales poco gratas y después de una estancia entre indígenas de quienes escuchó canciones llamadas **harawis,** en las que se sumaban la tradición española y la quechua. Estas canciones, de tono triste y melancólico que generalmente desarrollan el tema del abandono, estimularon al joven poeta a crear una nueva poesía mestiza a la cual denominó **yaraví,** que desarrolla el mismo tema y con la cual incursiona tempranamente en el terreno del romanticismo. Melgar mezcla la métrica quechua con la española y mantiene el ritmo entrecortado de la música quechua para incorporar así una nueva melodía al castellano. De manera que Melgar evoluciona desde un neoclasicismo ortodoxo hacia un romanticismo pleno de sentimentalismo, pasión nacionalista y amor a la libertad.

POESIA ROMANTICA

Después de la emancipación, en un período de gran inestabilidad política y social, se instala la primera tendencia literaria de la independencia: el romanticismo. A los países de la zona andina llega con cierto retraso respecto a los focos generadores situados en México y Argentina, pero se prolongará hasta finales del siglo XIX, resistiendo el empuje de los movimientos finiseculares de mayor auge, el realismo y el modernismo.

La conciencia de las nuevas nacionalidades recién creadas aflora en los románticos de forma constante y la actitud de rebeldía individual, característica de los europeos, entre los hispanoamericanos se dirige primordialmente hacia la lucha por la libertad, escasa todavía por la presencia de las dictaduras y, por tanto, objetivo esencial de los escritores, entre los cuales una gran mayoría se halla enormemente vinculada a la actividad política. Ello provocará la pervivencia del tipo de poesía cívico-patriótica iniciada por los neoclásicos en el período anterior, pero matizada

ahora con tintes románticos. En esta vertiente poética cabe destacar buena parte de la obra de un grupo colombiano formado por José Eusebio Caro, Julio Arboleda, Epifanio Mejía y José Joaquín Ortiz; así como algún poema del peruano Clemente Althaus y del ecuatoriano Numa Pompilio Llona.

La búsqueda del espíritu criollo y de lo auténticamente americano, como necesidad de definir unas nuevas señas de identificación y como novedad frente a la literatura europea, se expresa fundamentalmente en una poesía de índole descriptiva cuya meta es tratar de mostrar la riqueza y las particularidades propias del paisaje americano. Los románticos descubren el gran filón poético que les proporciona la naturaleza de su entorno y crean con ella un nuevo espacio para la literatura. El paisaje andino por sus peculiaridades es un gran estímulo para los poetas quienes no sólo sienten, al modo de los europeos, una naturaleza que actúe como vehículo expresivo de sus sentimientos y como marco donde se proyectan sus emociones, sino también como fin en sí misma, con sus específicas producciones agrícolas, su variedad climática y sus infinitas posibilidades como fuente de vida y riqueza.

Buena muestra de lo dicho constituye el poema de Gregorio Gutiérrez González «Memoria del cultivo del maíz en Antioquía», en el que el poeta exalta la naturaleza y dignifica al hombre trabajador. De este escritor antioqueño hay que mencionar también «Al salto del Tequendama», catarata bogotana que también actuó como musa inspiradora para otros poetas colombianos como José Joaquín Ortiz y Agripina Montes del Valle. En Bolivia Manuel José Cortés cantó con vehemencia «A la naturaleza del Oriente de Bolivia» y «Al Illimani», el punto más alto de la cordillera. El académico Ricardo José Bustamante demuestra su magnífica condición de poeta descriptivo en el «Preludio al Mamoré» y no menores dotes paisajísticas presenta su compatriota Adela Zamudio. Del conjunto de poetas que exaltan la naturaleza de los Andes con sus macizos montañosos, sus ríos, sus cataratas, sus selvas, etc., se destaca un grupo interesado, sin embargo, por el tema del mar del que sobresalen los pe-

Cumbre del Illimani.

ruanos Clemente Althaus y Carlos Augusto Salaverry quienes prefieren los paisajes marinos por su relación con Lima y quizá también porque fueron los poetas más influidos por el romanticismo europeo que usa con preferencia el *leit motiv* del mar.

Otra vertiente más intimista de la poesía romántica, volcada hacia el interior del poeta, la constituye un grupo de poemas que muestran la preocupación del hombre ante problemas trascendentales como la existencia, la muerte, Dios y el universo, y sirven para la expresión subjetiva de los sentimientos del poeta respecto al amor, la familia, el dolor, etc., motivos que aparecen en la casi totalidad de los poetas mencionados, pero constituyen lo primordial de la obra de Carlos Augusto Salaverry, de los ecuatorianos Numa Pompilio Llona y Julio Zaldumbide, y de los colombianos José Eusebio Caro y Rafael Pombo.

Retrato de Ricardo Palma.

PROSA DEL SIGLO XIX

Relato histórico

La tradición

El gusto romántico europeo por la reconstrucción del pasado arraiga en la literatura de este período con tal fecunda vitalidad que da lugar a numerosas obras de carácter histórico. Entre ellas son destacables un grupo de novelas y otro de relatos más breves de los que hablaremos a continuación. El creador de este tipo de relato, llamado «Tradición», es el peruano **Ricardo Palma** (1833-1919). En su juventud incursionó también en el terreno de la poesía junto con la primera generación romántica del Perú de la cual grabó sus impresiones en un texto de gran valor documental para la época llamado *La bohemia de mi tiempo* (1887). Pero lo que le dio renombre universal fueron las tradiciones: doce series de composiciones breves sobre la historia del Perú que se conocen con el título general de *Tradiciones peruanas,* publicadas entre 1872 y 1919.

Pese a que indaga en todas las épocas del pasado peruano, Palma muestra una especial predisposición para la reconstrucción del virreinato; su propósito es dar a conocer a sus contemporáneos la historia de su país en pequeñas dosis y de forma agradable. Generalmente utiliza una anécdota, un rasgo característico de un personaje histórico o cualquier otro pequeño detalle que pasaría inadvertido a la historia, para componer sus relatos y reproducir el ambiente de la vida cotidiana —la que más le interesa— de la sociedad colonial. Comenzó esta empresa a raíz de un trabajo de investigación sobre la Inquisición en Lima en el transcurso del cual, revisando crónicas y documentos, encontró material para su obra literaria. Por otra parte, el ejemplo de la novela histórica de Walter Scott que fue dominante en la creación de este tipo de literatura en toda el área hispánica, constituyó un impulso decisivo sobre el escritor peruano.

El uso peculiar de la lengua así como la técnica narrativa empleada son los elementos básicos que dan el toque personal a las tradiciones de Ricardo Palma. En diversas ocasiones él había manifestado las claves de su estilo en el que pretendía mezclar el español normativo y correcto con el casticismo americanista, mediante la utilización de frases extremadamente cuidadas pero investidas de tonalidades populares a las que añade una gran dosis de ironía y buen humor. La técnica narrativa empleada en las tradiciones es la propia del cuento; una técnica que se caracteriza por la brevedad y concisión del discurso, con la particularidad de que Palma interviene en él constantemente a través de un narrador cuya presencia se siente muy fuertemente al utilizar todo tipo de estrategias enunciativas capaces de atrapar al lector y llevarlo a su terreno.

El ejemplo de Palma cundió rápidamente y en su propio país tuvo sus más directos seguidores. La escritora Clorinda Matto de Turner compuso, al modo del maestro, unas tradiciones cuzqueñas con el título de *Tradiciones, leyendas y hojas sueltas* (1883), que recibieron el beneplácito de Palma tal como se lo hizo saber en las palabras prologales. El influjo de otra tradicionalista, la escritora de origen argentino Juana Manuela Gorriti con quien la peruana compartió alguna velada literaria limeña, también se dejó sentir notablemente en su obra.

Fuera del Perú sobresale un grupo boliviano en el que seguramente también influyó la gran labor investigadora del historiador Gabriel René Moreno, preocupado no menos por el buen estilo y la pureza de dicción. Igual que Ricardo Palma, los escritores bolivianos beben en las crónicas de la colonia para rescatar acontecimientos del pasado. Nataniel Aguirre, el más importante novelista histórico de Bolivia, escribe también tradiciones como «La bellísima Floriana» y «La Quintañona». Modesto Omiste, más historiador y biógrafo que literato, se introduce en el género narrativo con sus *Tradiciones potosinas.* Pero la crítica aprecia con mayor énfasis a Julio Lucas Freyre por *La villa imperial de Potosí,* conjunto de tradiciones y leyendas estimadas de gran valor literario.

Novela histórica e Indianismo

En la busca de lo genuinamente americano los románticos indagaron en su pasado utilizando como vehículo de expresión artística la novela histórica. En esta recuperación de la historia, que abarca desde la etapa precolombina hasta los momentos más recientemente vividos por los novelistas, los escritores descubren, por primera vez de forma unánime y no aisladamente, la existencia del indígena y la evidencia de la diversidad cultural de los grupos étnicos de la zona.

De gran envergadura es el corpus narrativo dedicado a la historia precolombina y a los primeros años de la conquista. El colombiano Felipe Pérez reconstruye la historia peruana en cuatro novelas: *Huayna Capac* (1856), *Atahualpa* (1856), *Los Pizarros* (1857) y *Jilma* (1858). En ellas describe una sociedad incaica en un estado de perfección similar al que registra el Inca Garcilaso en sus *Comentarios,* obra que seguramente utilizó Felipe Pérez como fuente para sus novelas. Este escritor también construyó un relato sobre los aborígenes colombianos, *Los gigantes* (1875?), personajes que igualmente fueron abordados por su compatriota Jesús Silvestre Rozo en *El último rey de los muiscas* (1884), novelas en las cuales de nuevo se muestra al lector una cultura absolutamente idealizada.

Los temas coloniales son abordados por los novelistas de forma esporádica, para dedicar mayor atención a la etapa de la Independencia y los primeros años de la República. La boliviana Lindaura Anzoategui, esposa del presidente de la República Narciso Campero, relata los últimos años de la Guerra de la Independencia en su novela *Huallparrimachi* (1894). La autora sigue de cerca la mítica figura de la guerrillera Juana de Azurdy y, junto a ella, la de un indio idealizado y descendiente de los Incas que da título a la obra. En Perú Fernando Casós reconstruye en *Los amigos de Elena* (1874) los sucesos políticos que ocurrieron entre Trujillo y Lima en 1848.

Pero la obra que reúne mejores calidades estéticas dentro de la narrativa histórica es *Juan de la Rosa* (1885) del boliviano **Nataniel Aguirre** (1843-1888). Como la mayoría de sus contemporáneos desarrolla una vida política muy activa: diputado en 1872, desempeña otros cargos ministeriales y académicos de gran responsabilidad y además participa en la guerra civil con Chile. Su actividad literaria no se reduce sólo a la narrativa, sino que se extiende al teatro, la poesía y la prosa, dentro de la cual se inscriben varias obras de carácter histórico. *Juan de la Rosa* abarca el período en que comienza la insurrección de la Paz hasta 1811, un año después de la Independencia. El narrador, Juan, testigo directo de los acontecimientos durante su niñez, cuenta el relato en primera persona, combinando sabiamente el plano de la realidad y el de la ficción. La obra se desenvuelve en dos instancias temporales: la del pasado instalado en la infancia del personaje en la que transcurren los sucesos históricos narrados y la del presente en que tiene lugar la escritura del relato. Como anuncia en el subtítulo, «Memoria del último soldado de la Independencia», la novela otorga un papel relevante al recuerdo que interfiere continuamente en el presente. El «último soldado» es ya un anciano que compara las esperanzas de su juventud con los logros de la realidad en que transcurre su vejez.

Escrito en un momento depresivo para la historia de Bolivia en el cual ésta acaba de perder la guerra con Chile y sus posibilidades de abrirse al mar, se configura como un relato pesimista en el que el narrador, perdidas sus ilusiones, trata de dejar a la juventud de entonces su testimonio personal como ejemplo de una época guiada por altos ideales, contrastando sus recuerdos con las opiniones de historiadores cuyas citas ilustran el texto de forma erudita.

La presencia de los personajes nativos, como en las obras anteriormente citadas, es absolutamente secundaria pero existen referencias, aunque distantes, a su lengua, su poesía y a sus condiciones sociales de servidumbre. La incorporación del indígena a la literatura es cada vez más frecuente no sólo por el interés romántico de indagar en el pasado, sino también después de la argumentación utópica, inaugurada por el propio Bolívar, de considerar a los descendientes de los Incas como paradigma de un pueblo que recupera su libertad a raíz de la independencia tras la larga dominación de los españoles. De ahí, también, que la imagen que se prodigue sea la que remite a un indio prehispánico idealizado, cuya conducta individual y social se presenta en perfecto estado de armonía.

También idealizada será la imagen del indio transcrita por el ecuatoriano **Juan**

León Mera (1832-1894) en su novela *Cumandá* (1879), en la que el lector aprecia un rasgo novedoso respecto a las obras anteriormente citadas, consistente en el protagonismo que adquiere el mundo indígena en el relato. El autor, un hombre conocido en su época por su ideología conservadora y católica, compuso esta obra como agradecimiento a la Real Academia Española por su nombramiento de miembro correspondiente en Ecuador. Con su novela pretendía dar a conocer una naturaleza y una sociedad antes no descrita con suficiente extensión en la literatura. Para construir su narración, de un viajero inglés, cuya anécdota se sitúa a finales del siglo XVIII cuando, con motivo de la expulsión de los jesuitas, se sublevan los indios jíbaros.

El personaje que da título a la novela es una típica heroína romántica; Cumandá protagoniza un imposible idilio amoroso que finaliza con un desenlace fatal. Mezclado con la línea argumental de la narración se pone de manifiesto una gran tendencia descriptiva interesada en la captación y exaltación de un paisaje selvático y de un conjunto de escenas costumbristas que colma el relato de elementos exóticos y pintorescos. La novela de Mera, que se ha considerado máximo exponente del **indianismo**, es decir, de la expresión idealizada del índio, mantiene la tesis decimonónica de las diferencias sociales basadas en la raza. A pesar de las detalladas descripciones de las costumbres sociales y familiares de las tribus indígenas (fiestas, bailes, bodas, matrimonio, guerra, etc.) se observa una clara adhesión por parte del narrador hacia la raza blanca: La protagonista, Cumandá, supuestamente india, no puede asimilarse, sin embargo, a la cultura de los nativos, entre quienes se ha educado, porque su verdadero origen es blanco y hacia su raza tiende hasta costarle la muerte. Por otra parte, la fuerte convicción católica del autor que se deja sentir muy frecuentemente en el texto a través de excursos de carácter moralizante, presenta el papel del Catolicismo, religión de los blancos, como agente civilizador y base de la cultura occidental. Esta idea proporciona el motivo inicial y el soporte histórico de la novela: la rebelión de los indígenas se produce a falta del freno católico de los jesuitas, quienes encauzaban y controlaban sus instintos salvajes.

Costumbrismo

Otra tendencia muy característica del siglo XIX es el análisis de los rasgos típicos y generalizadores de una sociedad, actitud que define al costumbrismo, tal como lo concibieron los costumbristas españoles, que ejercieron gran influencia en Hispanoamérica. Frente a la reconstrucción arqueológica del relato histórico, la narración costumbrista tiene la frescura y el aliento de la vida. Aunque ambas modalidades pretenden la diferenciación de lo auténticamente propio, el costumbrismo añade a la actitud testimonial una finalidad didáctica y moralizante que le otorga un tinte particular a la expresión literaria, tanto en la modalidad breve del cuadro de costumbres como en la extensa de la novela.

En Perú se produce un notable corpus de cuadros costumbristas cuyo iniciador fue **Felipe Pardo y Aliaga** (1806-1868), famoso sobre todo por sus letrillas satírico-burlescas. Fue un hombre que se incorporó muy joven a la vida política desde el área conservadora. Siempre se mantuvo vinculado al periodismo, como colaborador asiduo del *Mercurio Peruano* y realizó una gran actividad en pro de la vida cultural e intelectual de su país, por lo que mereció el nombramiento de miembro correspondiente de la Real Academia de la Lengua. Se destaca como uno de los mejores costumbristas peruanos por sus artículos publicados en diversos periódicos fundados por él. Son especialmente dignos de mención los artículos aparecidos en *El espejo de mi tierra* (1840 y 1859), en los cuales se muestra como un gran estilista y un crítico fino y sagaz de los defectos de su sociedad. Echa en falta en ella el buen gusto y la universalidad y ataca sobre todo el provincianismo y la superficialidad de la clase alta limeña.

Contemporáneo suyo, y con quien mantuvo grandes polémicas, fue Manuel Ascensio Segura, máximo representante del teatro costumbrista de su país quien, sin embargo, escribió más cuadros que Pardo y Aliaga y afianzó la consolidación del

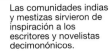
Las comunidades indias y mestizas sirvieron de inspiración a los escritores y novelistas decimonónicos.

género costumbrista en el Perú. Desde una perspectiva más popular y con una actitud excesivamente moralizadora denuncia la mediocridad de las costumbres de su época en artículos escritos desde 1839 hasta 1842 en diferentes periódicos. Vienen a completar el ámbito costumbrista peruano los escritores Ramón Rojas Cañas y Manuel Atanasio Fuentes.

En Colombia arraigó fuertemente el costumbrismo impulsado por el grupo de escritores que se reunía en torno a la tertulia literaria denominada **El Mosaico,** cuyas ideas tradujeron en la revista del mismo nombre publicada entre 1858 y 1871. Los componentes de este grupo formado por ilustres hombres de letras de su país, algunos de los cuales fueron fundadores y primeros miembros de la Academia Colombiana de la Lengua, sentaron las bases de la narrativa en Colombia. Además de notables articulistas como José Caicedo Rojas, José María Vergara y Vergara y Juan de Dios Restrepo, hay que citar un grupo importante de novelistas.

Nataniel Aguirre.

Eugenio Díaz (1803-1856), fundador de la revista *El Mosaico,* compone, aun con deficiencias técnicas y estructurales, una de las primeras novelas de Hispanoamérica con su *Manuela* (1858). El hilo argumental de la narración se teje en torno a un conflicto amoroso del que se desprenden otros problemas de índole racial y social. Pero lo que realmente interesa al narrador es la captación de las costumbres campesinas de Cundinamarca, como se evidencia por el predominio de la técnica descriptivas sobre las narrativas. La novela de Díaz tiene el valor de ser la primera que se detiene en la observación directa de la realidad, pero es superada técnicamente por *Tránsito* (1886), escrita por **Luis Segundo Silvestre** (1827-1887). En esta novela reaparecen los elementos constitutivos de la trama novelesca de *Manuela,* confeccionada a base de amores imposibles de desenlace fatal y diferencias sociales notablemente señaladas en un marco rural donde el factor descriptivo costumbrista adquiere gran relevancia. La aportación de *Tránsito* hay que buscarla en los avances estructurales y en la riqueza de procedimientos estilísticos como base de una gran claridad expositiva. **José Manuel Marroquín** (1827-1908), que llegó a ser presidente de la República y compuso varios escritos de contenido diverso, escribió más de una obra de índole costumbrista de la cual sólo mencionaré aquí su novela *El Moro* (1897). Esta novela tiene la novedad de incorporar como protagonista a un caballo, a través del cual se revela el funcionamiento de una sociedad despótica e injusta. El caballo le ofrece al narrador la oportunidad de presentar grandes cuadros campestres de las sabanas de Bogotá donde se describen las costumbres de sus haciendas y caseríos y se pone de manifiesto el egoísmo de sus habitantes.

Una novela no específicamente costumbrista como *María* (1867), sin embargo está absolutamente contaminada de elementos propios de dicho género a través de los cuales el lector tiene conocimiento de costumbres típicas del Valle del Cauca relacionadas con la música, los bailes, la vestimenta, etc., y, en general, con todas sus formas de vida. Su autor, **Jorge Isaacs** (1837-1895), es una figura rodeada de cierto halo misterioso por su vida errática y multifacética. Su actividad literaria se centra con preferencia en la poesía, ya que su novela *María* constituye una obra aislada en su producción, obra que, curiosamente, alcanza el más alto índice de lectura en el siglo XIX. Debe su fama, más que a las descripciones costumbristas, al factor subjetivo e idílico del relato, lo que ha motivado que tradicionalmente se clasifique dentro de la novela sentimental romántica; porque en ella se privilegia el núcleo amoroso, que en las novelas más arriba citadas quedaba supeditado al desarrollo de escenas tipicistas, para conseguir un equilibrio narrativo del que las otras carecían.

El narrador protagonista, Efraín, emplea una gran dosis de elementos biográficos del autor, que imprimen al relato un tono nostálgico peculiar. La protagonista, María, una heroína romántica, cabal imagen de la inocencia, la castidad y la belleza, vive un enamoramiento truncado por la enfermedad y la muerte. Es el principal soporte romántico de la novela, reforzado por las descripciones poéticas del paisaje a base de imágenes pictóricas de una gran belleza lírica, que transmiten el sentimiento de la naturaleza propio de los románticos. Pero el valor fundamental de la novela reside en la tensión creada entre el mundo interior de los personajes y su entorno geográfico y social, en el cual los elementos costumbristas adquieren un papel esencial.

Novela realista e Indigenismo

En la última quincena del siglo XIX y prolongándose en el XX hay que situar cronológicamente la inserción de la escuela realista en la zona que venimos tratando. Ahora comienza un período de estudio crítico de la realidad en la que el hombre es abordado como ente social frente al individuo emotivo de los románticos. Contra el idealismo y la retórica romántica, Balzac, iniciador de esta escuela, propone procedimientos científicos de análisis de una sociedad en la cual se exaltan los valores materiales sobre los espirituales. El capitalismo comienza a penetrar en las sociedades hispanoamericanas al tiempo que el positivismo se impone como filosofía oficial.

De los países andinos, el Perú es el introductor del realismo a través de la escritora **Mercedes Cabello de Carbonera** (1845-1909). Se inicia en el periodismo pregonando en sus artículos sus ideas positivistas y también su preocupación por el progreso cultural de la mujer. Ella capta detalladamente la sociedad limeña de su tiempo en sus obras y en ellos plasma su pensamiento positivista y su interés por la ciencia. En su primera novela, *Sacrificio y recompensa,* premiada por el Ateneo de Lima en 1886, abre el camino de la novela realista peruana que se irá afianzando en la siguiente, *Los amores de Hortensia* (1887). La trama de esta segunda novela plantea un problema de incompatibilidad entre los imperativos sociales de la Lima conservadora y los sentimientos de los personajes. En Madrid publicó *Eleodora* (1887), pero la novela que mayor éxito consiguió fue *Blanca Sol,* en la cual desarrolla un tema de escándalo social sobre unos amores adúlteros. A pesar de su intención cientifista y experimental Mercedes Cabello mantiene constantemente una actitud moralizadora que resta eficacia a sus obras, débiles ya a causa de deficiencias de índole técnica. Después de escribir sus novelas sintetizó su idea sobre el realismo en un estudio crítico titulado *La novela moderna* (1892) en donde toma una solución ecléctica entre romanticismo y realismo y se muestra partidaria de una actitud constructiva tratando de seguir el modelo de la Pardo Bazán.

Uno de los escritores más grandes del realismo hispanoamericano es el colombiano **Tomás Carrasquilla** (1858-1940). Además de escribir un buen número de cuentos y de novelas cortas compuso cuatro novelas: *Frutos de mi tierra* (1896), con la que inicia el realismo en Colombia; *Grandeza* (1910), *La marquesa de Yolombó* (1928) y *Hace tiempos* (1935). A Carrasquilla le interesa primordialmente descifrar y recrear las pulsaciones íntimas y cotidianas de la vida en provincias. El marco que actúa como contexto referencial es el de su propia región —Antioquia— en donde incursiona desde Medellín, la capital, hasta los lugares más recónditos de la montaña. Mientras en Bogotá los escritores se encuentran más proclives a las tendencias modernistas, en Antioquia se muestran inclinados hacia el realismo, promovido por círculos como el «Casino literario» y la «Tertulia literaria». Además existieron varias revistas literarias que facilitaron la divulgación de los escritores antioqueños entre los que sobresalió Tomás Carrasquilla.

Éste practica un realismo testimonial y comprometido socialmente, pero nada ortodoxo sino contaminado de tintes subjetivistas y de un modernismo de carácter nacionalista. Carrasquilla elabora un mosaico de situaciones diferentes, que van conformando el perfil humano de la región antioqueña, y trata de encontrar las peculiaridades provinciana y montañesa de su entorno con ánimo de reafirmar su identidad. El narrador se sitúa dentro de esa realidad, huyendo del realismo objetivo y fotográfico, para idealizarla y poetizarla. Antioquia representa un espacio de afianzamiento e intimidad; es reinventada literariamente por Carrasquilla como él mismo la siente: de forma profunda, intensa y armónica.

El ecuatoriano **Luis A. Martínez** (1868-1909) inaugura el realismo en su país con la novela *A la Costa* (1904). El realismo ecuatoriano, más tardío que los anteriores, es producto de las transformaciones sociales de 1895. La novela denuncia las injusticias de una sociedad organizada según esquemas económicos feudales, en la que también se pone de manifiesto la desigual lucha entre el hombre y la naturaleza.

El **indigenismo** realista se inicia en el Perú con la escritora Clorinda Matto de Turner. Además de su experiencia junto a los indios no cabe duda que el pensamiento del poeta e ideólogo Manuel González Prada fue un factor determinante en la evolución del tema indigenista en la literatura. Frente a los estudios antropológicos del XIX, centrado en la investigación etnológica, que explicaban los problemas sociales como resultado de las distintas características físicas de las comunidades, González Prada solicita la redención absoluta del indio basándose en la igualdad de la raza. A lo largo de su obra se ponen de manifiesto las controversias de las ciencias sociales en torno al tema: unos ven todavía en la lucha de razas el factor principal de la historia, mientras que otros piensan que la raza no ejerce ninguna relación de dependencia en los fenómenos sociales. González Prada en su *Discurso del Politeama* de 1888 expone su consideración sobre los indios como base esencial de la nación y cree que la situación indígena se resuelve por métodos pedagógicos. Posteriormente en su ensayo «Nuestros indios» (1904), incluido en su libro *Horas de lucha,* estima que el problema indígena es una cuestión de índole económica pero no ofrece ninguna solución para resolverlo.

Un antecedente de la nueva actitud literaria hacia el indio puede encontrarse en la primera novela peruana, *El padre Horán* (1848), de Narciso Arístegui. Escrita en plena etapa costumbrista, anuncia ya la perspectiva realista del indigenismo, que parte de un planteamiento simplista sobre las relaciones sociales: a un mundo de dominados indígenas, se superpone la hegemonía de un mundo de «dominadores naturales» proveniente de tres órdenes principales: el civil, el religioso y el económico. Por otra parte la literatura indigenista no prescinde de los prejuicios étnicos de la época y, aunque propugna un mejor trato para el indio, no se basa en razones científicas o en ideologías igualitarias sino en motivos de índole humanitaria y caritativa. Así ocurre en la primera novela del género, *Aves sin Nido* (1889). Su autora, **Clorinda Matto de Turner** (1852-1909) se inicia en el mundo literario desde sus residencias provinciales de Cuzco y Arequipa colaborando en numerosos periódicos nacionales y extranjeros en los cuales comienza a publicar sus tradiciones cuzqueñas. En 1886 se establece en Lima e incrementa su labor periodística, además de vincularse a los círculos literarios más acreditados de la capital peruana. En 1889 inicia en su casa unas veladas literarias y ocupa el cargo de directora del *Perú Ilustrado.*

Ese mismo año se publica *Aves sin nido,* que muestra su actitud peruanista y su preocupación por la situación social del indio. En ella la Matto indaga en los problemas de una comunidad subdesarrollada en la que entran en conflicto tensiones de índole social y étnica. Desde su perspectiva, la solución a los problemas indígenas puede resolverse, siguiendo las primeras

propuestas de González Prada, mediante una eficaz labor educativa. Con igual finalidad testimonial escribe sus siguientes novelas: *Índole* (1891), sobre el ambiente en las haciendas serranas, y *Herencia* (1895), centrada en la vida de la capital, en la que se percibe más claramente la impronta naturalista de Zola. A partir de la revolución de 1895, Clorinda Matto vive exiliada en Buenos Aires, donde muere, pero mantiene un vivo contacto con la producción cultural peruana, especialmente a través del periodismo.

EL MODERNISMO

Con cierto retraso en relación a otras áreas del continente y simultáneamente al realismo, llega a los países del Ande el movimiento renovador de las letras hispanoamericanas del que, con unanimidad, se designa a Rubén Darío como más alto representante. El modernismo, muy influido por la poesía parnasiana y simbolista francesa, significó la universalización de la literatura en Hispanoamérica. En la zona andina, el movimiento, de marcada configuración ecléctica, derivó fundamentalmente hacia dos formas de expresión: una, la más frecuente, se presenta con una gran vocación europea y cosmopólita, y otra, cuya producción es más reducida, se vuelca en la postulación de la realidad americana. En la primera modalidad, en la cual se observa una preferencia por la poesía pura e intimista, cabe incluir un grupo de poetas ecuatorianos (Arturo Borja, Ernesto Noboa Caamaño, Humberto Fierro y Medardo Ángel Silva) cuya prematura muerte impidió la producción de una obra de madurez; pero hay que citar sobre todo a los colombianos José Asunción Silva y Guillermo Valencia, a los bolivianos Ricardo Jaimes Freyre y Franz Tamayo, y al peruano Manuel González Prada. Su compatriota José Santos Chocano es el máximo cultivador de la poesía americanista, de tono vehemente y altisonante.

Entre 1892 y 1896 la revista *Gris* fundada por Max Grillo en Bogotá es el primer vehículo de expresión del modernismo colombiano; a ella seguirán otras como *Trofeos* o la tertulia literaria conocida por «La gruta simbólica», que ponen de

El mercado constituye una clara expresión de la presencia comercial indígena.

manifiesto la fuerza con que el modernismo se difunde en Colombia. Pero más importante aún es la personalidad de Baldomero Sanín Cano, introductor de las últimas tendencias europeas literarias y filosóficas y guía ideológico de los jóvenes modernistas. Muchos de ellos se reunían en tertulia en la casa de **José Asunción Silva** (1865-1896) quien, a pesar de su vida netamente romántica y de sus inicios literarios impregnados de un romanticismo becqueriano, es el primer gran poeta modernista de Colombia. Silva, que empieza a escribir en 1883, evoluciona claramente hacia el simbolismo dotando a sus poemas de una nueva musicalidad. De la escasa muestra que nos ha llegado de su producción poética es su poema «Nocturno» (1894) el que ha alcanzado mayor fama debida, más que a su contenido, sin duda, a su ritmo cambiante e inusitado hasta entonces, que aún hoy no ha perdido interés. **Guillermo Valencia** (1873-1943) es la expresión máxima del modernismo colom-

Clorinda Matto de Turner.

NOCTURNO (III)

Una noche,
una noche toda llena de perfumes de murmullos y de músicas de alas,
una noche
en que ardían en la sombra nupcial y húmeda las luciérnagas fantásticas
a mi lado lentamente, contra mí ceñida toda,
muda y pálida,
como si un presentimiento de amarguras infinitas
hasta el fondo más secreto de las fibras te agitara,
por la senda que atraviesa la llanura florecida
caminabas;
y una luna llena
por los cielos azulosos, infinitos y profundos esparcían su luz blanca:
y tu sombra,
fina y lánguida,
y mi sombra,
por los rayos de la luna proyectadas,
sobre las arenas tristes
de la senda se juntaban,
y eran una,
y eran una,
¡Y eran una sola sombra larga!
¡Y eran una sola sombra larga!
¡Y eran una sola sombra larga!
Esta noche
solo; el alma
llena de las infinitas amarguras y agonías de tu muerte,
separado de ti misma por la sombra, por el tiempo y la distancia,
por el infinito negro
donde nuestra voz no alcanza,
solo y mudo
por la senda caminaba,
y se oían los ladridos de los perros a la luna,
a la luna pálida,
y el chirrido
de las ranas...
Sentí frío. Era el frío que tenían en la alcoba
tus mejillas y tus sienes y tus manos adoradas,
entre las blancuras níveas
de las mortuorias sábanas.
Era el frío del sepulcro, era el frío de la muerte,
era el frío de la nada.
Y mi sombra,
por los rayos de la luna proyectada,
iba sola,
iba sola,
iba sola, por la estepa solitaria.
Y tu sombra esbelta y ágil,
fina y lánguida,
como en esa noche tibia de la muerta primavera,
como esa noche llena de perfumes, de murmullos, y de músicas de alas,
se acercó y marchó con ella,
se acercó y marchó con ella,
se acercó y marchó con ella... ¡Oh las sombras enlazadas!
¡Oh las sombras que se buscan y se juntan en las noches de negruras y de lágrimas!...

José Asunción Silva

biano. Dos veces candidato a la presidencia de la República, es una figura relevante y del todo ligada al mundo político, diplomático e intelectual de su país. Consigue los laureles poéticos con un solo libro, *Ritos* (1899), en el que, a través de una sensibilidad preferentemente parnasiana, inventa un universo personal con materiales provenientes de la historia y la cultura de mundos tan diversos como Oriente, los primeros cristianos, la antigüedad clásica, la Edad Media, el Renacimeinto, etc.

En Bolivia, **Ricardo Jaimes Freyre** (1870-1933) es el encargado de introducir el modernismo. Profesor de literatura, de una vasta cultura humanística, realizó una importante labor investigadora sobre las técnicas del verso en español en sus *Leyes de versificación castellana* (1912). Sin

AETERNUM VALE

Un Dios misterioso y extraño visita la selva.
Es un Dios silencioso que tiene los brazos abiertos.
Cuando la hija de Thor espoleaba su negro caballo,
le vio erguirse, de pronto, a la sombra de un añoso fresno.
Y sintió que se helaba su sangre
ante el Dios silencioso que tiene los brazos abiertos.

De la fuente de Imér, en los bordes sagrados, más tarde,
la Noche a los Dioses absortos reveló el secreto;
el Águila negra y los Cuervos de Odín escuchaban,
y los Cisnes que esperan la hora del canto postrero;
y a los Dioses mordía el espanto
de ese Dios silencioso que tiene los brazos abiertos.

En la selva agitada se oían extrañas salmodias;
mecía la encina y el sauce quejumbroso viento;
el bisonte y el alce rompían las ramas espesas,
y a través de las ramas espesas huían mugiendo.
En la lengua sagrada de Orga
despertaban del canto divino los divinos versos.

Thor, el rudo, terrible guerrero que blande la maza
—en sus manos es arma la negra montaña de hierro—,
va a aplastar, en la selva, a la sombra del árbol sagrado,
a ese Dios silencioso que tiene los brazos abiertos.
Y los Dioses contemplan la maza rugiente,
que gira en los aires y nubla la lumbre del cielo.

Ya en la selva sagrada no se oyen las viejas salmodias,
ni la voz amorosa de Freya cantando a lo lejos;
agonizan los Dioses que pueblan la selva sagrada,
y en la lengua de Orga se extinguen los divinos versos.

Solo, erguido a la sombra de un árbol,
hay un Dios silencioso que tiene los brazos abiertos.

De *Castalia Bárbara*
Ricardo Jaimes Freyre

embargo, desde mucho antes se había dado a conocer como poeta primordial del modernismo: en 1892 funda la *Revista latina* en Buenos Aires con Rubén Darío y en 1899 publica su obra magna *Castalia Bárbara* con prólogo de Leopoldo Lugones. En este libro sabe conjugar sabiamente parnasianismo y simbolismo dotando de misterio y musicalidad el perfecto acabado de su versos para evocar la Edad Media entre brumas nórdicas, enfrentando la mitología escandinava a la fuerza más poderosa del cristianismo. **Franz Tamayo** (1880-1939) es el gran pensador boliviano de principios de siglo. Contemporáneo de González Prada, establece, como él, las bases teóricas del indigenismo en Bolivia desarrolladas en su ensayo *La creación de la pedagogía nacional* (1910). Considera la población nativa como depositaria de lo que él llama la «energía nacional» y reivindica la dignidad humana del indio, ultrajada por sus dominadores blancos. La mejor manera de integrar las dos razas fundamentales de su país consiste, según Tamayo, en una adecuada tarea pedagógica que eduque tanto al indio como al blanco. Su producción poética, iniciada con *Odas* (1898), deriva, sin embargo, hacia espacios lejanos y exóticos, con preferencia por el mundo clásico griego.

El peruano **Manuel González Prada** (1848-1918) se revela tempranamente como una personalidad rebelde y contestataria, consciente de lo caduco de la sociedad en que vive, lo cual le induce a llevar a cabo una obra ensayística indagadora de su realidad a la que ya se hacía referencia más arriba. Es uno de los fundadores del «Círculo Literario», grupo de jóvenes escritores que pretende renovar la literatura de su país, inmersa aún en corrientes tradicionales representadas por Ricardo Palma. Como poeta realiza una eficaz labor técnica ensayando nuevos ritmos y estrofas provenientes de otras literaturas. A su primer libro, *Minúsculas* (1910), en el que ya se muestra su preocupación esteticista y cosmopólita, le siguen *Presbiterianas* (1909) y *Exóticos* (1911), obra esta última de marcada tendencia parnasiana en la que se manifiesta una notable renovación métrica. En *Baladas peruanas* (1935) vuelve a los temas indigenistas de matices revolucionarios anticipados en sus ensayos.

José Santos Chocano (1875-1934) es el máximo exponente de la tendencia americanista del modernismo. Muy ligado a la política activa de su país, pasa gran parte de su vida fuera del Perú en misiones diplomáticas que le llevan a España y Centroamérica, entro otros lugares. Fue una personalidad exaltada y egocéntrica, de ideología reaccionaria, a la que se consagró internacionalmente como «poeta de América». Sus libros de juventud, *Iras santas* y *En la aldea*, (1895), *Azahares* (1896) y *Selva Virgen* (1897) ya anuncian la renovación modernista pero mantienen todavía un romanticismo percibido sobre todo en el sentimiento de la naturaleza. Después vinieron sus dos libros fundamentales: *Alma América, poemas indo-españoles* (1906) y *¡Fiat Lux!* (1908). Con los nuevos recursos poéticos importados de Francia, Chocano pretende crear, sin embargo, una nueva poesía que sea capaz de traducir el espíritu americano. Él indaga en el paisaje y en la historia peruana utilizando una gran variedad métrica y estrófica. Con un lenguaje fuerte y exuberante exalta la naturaleza americana y destaca la presencia del indio, sin perder la perspectiva mesticista inaugurada, y tan pocas veces retomada, por el Inca Garcilaso de la Vega.

LAS VANGUARDIAS POÉTICAS

La crisis europea de principios de siglo, marcada por la primera guerra mundial y la revolución rusa, determina un cambio de valores en toda la expresión artística mundial. La literatura manifiesta una ruptura con las formas anteriores a través de los distintos movimientos de vanguardia, movimientos que, en Hispanoamérica, se instalan de forma desigual. De todos ellos el surrealismo es acogido con preferencia en el área andina, pero por su inserción no tiene lugar de forma homogénea: la literatura peruana es la primera que se decide a superar la estética modernista empujada por las novedades vanguardistas, mientras que el resto de los países andinos recibe más tarde las corrientes de vanguardia o no llegan a asumirlas en sentido estricto.

En Perú, un grupo de jóvenes escritores lanza en 1908, cuando Santos Chocano triunfa estruendosamente en el panorama oficial literario, la revista *Contemporáneos* que alberga sus nuevos impulsos poéticos. Pero la brecha definitiva la abre en 1916 la revista *Colónida,* que da nombre a la generación de los posmodernistas peruanos. Entre sus colaboradores cabe citar a José María Eguren, Enrique Bustamante y Ballivián, Percy Gibson, Federico More y su director, Abraham Valdelomar, quien en 1917 recibe amistosamente al jovencísimo César Vallejo, reconocido poco más tarde como el máximo poeta del Perú. A lo largo de los años veinte la estética vanguardista se irá imponiendo en Perú, coincidiendo con la entrada de la filosofía marxista. Las nuevas ideas estéticas e ideológicas tienen como medio de expresión la revista *Amauta,* fundada en 1926 por José Carlos Mariátegui, ideólogo clave para la evolución teórica del indigenismo dentro y fuera de la frontera peruana.

César Vallejo (1892-1937), que ya había publicado sus primeros versos en Trujillo, lleva a Lima el manuscrito de *Los heraldos negros* (1918) que tiene la fortuna de ser editado inmediatamente. En él evoca el ambiente de la familia y el hogar con versos sencillos y emotivos en los que se aprecia todavía la herencia modernista pero apuntando a una visión del mundo más compleja y caótica. Vallejo había empezado a tener noticia de los movimientos de vanguardia por las revista españolas y descubre que tiene que crear su propio lenguaje poético alejándose de la rima, los ritmos regulares, la tipografía y la puntuación usuales y de las normas académicas de la gramática. Así escribe *Trilce* (1922) que cae en el más absoluto vacío o en el desprecio de la crítica porque el Perú todavía sigue aclamando a Santos Chocano. *Trilce* es ya un libro nuevo, expresión del vanguardismo en Hispanoamérica, en el cual Vallejo experimenta formas de expresión para crear un significado diferente. Inventa imágenes y metáforas originales y audaces, realiza juegos malabares con letras y números y, a través de una nueva escritura, logra transmitir emociones desconocidas en el lector. Un año después publica *Escalas melografiadas* (1923), conjunto de prosas poéticas y cuentos, escritos durante una breve, pero devasta-

dora, estancia en la cárcel a consecuencia de una falsa acusación. Estas primeras prosas vallejianas se benefician de los procedimientos literarios ensayados en *Trilce* y también recogen temas ya desarrollados anteriormente como el de la maternidad, el amor, la religiosidad y la muerte, los cuales serán *leit motiv* de toda su obra. Poco antes de partir para Europa publica una novela corta, *Fabla salvaje* (1923), de ambientación rural, en la que se va afianzando su faceta como narrador.

En 1923 Vallejo llega a París, en donde entabla relación con muchos de los mejores artistas de la vanguardia europea. Sólo dos años después consigue su primer empleo y empieza a colaborar en periódicos y revistas. Con Juan Larrea, publica la revista *Favorables, París, Poema,* en la que colaboran importantes escritores de entonces. En 1928 realiza su primer viaje a la Unión Soviética, coincidiendo con su descubrimiento de la filosofía marxista. Sus experiencias las dará a conocer en Madrid, a lo largo del año que vivió en España, en *Un reportaje en Rusia* (1930), al tiempo que entra en el partido comunista español y desarrolla una activa labor como militante. También publica en Madrid la novela *El Tungsteno* (1931), en la que vuelca la ideología social con la que se siente comprometido. Vallejo avanza con esta novela, en la narrativa indigenista que tanta significación tiene en la zona que nos ocupa. Después de otros viajes a la Unión Soviética, de los que da testimonio en varios libros, César Vallejo se instala definitivamente en París y sólo volverá a España en 1936, conmocionado por la guerra civil, y en 1937 para participar en el Congreso de Escritores Antifascistas de Valencia. Desde París trata de ayudar a la causa republicana y termina de componer su dos mejores obras: *Poemas humanos* y *España, aparta de mí este cáliz* (1939). En 1938, poco después, muere en París.

Poemas humanos recoge las composiciones realizadas por Vallejo entre 1923 y 1938 y *España, aparta de mí este cáliz,* escrito en los meses anteriores a su muerte, es un conjunto de quince poemas inspirados en la guerra civil española. Ambos libros son la expresión descarnada del dolor universal visto desde el dolor del propio poeta. Los textos están recogidos por un sentimiento de solidaridad humana y de identificación con los demás, generados por la idea vallejiana de que la coparticipación del sufrimiento ajeno posibilita la redención. Son versos revolucionarios desde el punto de vista estético e ideológico, en los que el poeta expresa un hondo sentimiento esperanzado en el hombre y en los cambios sociales de los pueblos. Persiste en ellos la estética vanguardista de *Trilce* pero se suaviza el radicalismo experimental. Aumenta, sin embargo, lo insólito del léxico y de sus concordancias, aferrado a la realidad inmediata y tangible, al mundo físico que rodea al poeta y que se encuentra, en primer lugar, en su cuerpo mismo. En *España, aparta de mi este cáliz,* la causa republicana canaliza toda su esperanza ideológica. Vallejo muestra su solidaridad, no partidista, con el hombre de la calle, identificándose con el sufrimiento y la muerte del pueblo español que anticipa su propia muerte.

Pero Vallejo no es la única figura del panorama vanguardista del Perú que cuenta con otros poetas tan relevantes como Carlos Oquendo de Amat, Martín Adán, Xavier Abril o Emilio Adolfo Westphalen. También hay que mencionar un grupo de poetas indigenistas que vuelve a lo vernáculo y tradicional guiado por la generación española del veintisiete. La impronta de la poesía vanguardista todavía se dejará sentir un tiempo ya que sus autores ejercerán un magisterio singular en las generaciones siguientes que han dado poetas magníficos como Jorge Eduardo Eielson, Sebastián Salazar Bondy, Javier Sologuren, Carlos Germán Belli, etc.

En Ecuador, una generación formada, entre otros, por Miguel Ángel León, Gonzalo Escudero, Alfredo Gangotena y Jorge Carrera Andrade, tiende a la expresión de lo autóctono en la línea telúrico-social y renueva la poesía de su país con procedimientos cercanos al vanguardismo y, sobre todo, con una honda intención social. En la actualidad suscita mayor interés la figura de **Jorge Carrera Andrade** (1903-1978). Autor de una vastísima obra poética, fue contemporáneo de la generación del veintisiete con la que mantuvo una buena relación, especialmente amistosa con Pedro Salinas, a quien conoció durante su estancia en España. Residió también en Francia y viajó a otros lugares en misiones diplomáticas. De sus primeras obras, compuestas entre *Estanque inefable* (1922) y *Boletines de mar y tierra* (1930), destaca la presencia de la naturaleza ecuatoriana y de su ciudad natal, Quito, con una gran riqueza de imágenes en las que se puede advertir la influencia de Lorca. Después de conocer Europa, a partir de 1926, su poesía se impregna de una honda preocupación social y existencial que se manifiesta en los libros compuestos entre *Tiempo manual* (1935) y *Registro del mundo* (1940). Durante la segunda guerra mundial vive en Tokio y siente una gran incomunicación con la realidad exterior, se vuelca entonces sobre sí mismo, creando una poesía internalizada, que se anunciaba ya en *Biografía para uso de los pájaros* (1937) y es expresamente manifiesta en *País secreto* (1940). Con *Lugar de origen* (1945) vuelve a sus temas anteriores y se afianza su interés en el telurismo y el humanismo iniciales. Sin apartarse de su actitud social y de su entorno americano,

---

MASA

Al fin de la batalla,
y muerto el combatiente, vino hacia él un hombre y le dijo: «¡No mueras, te amo tanto!» Pero el cadáver ¡ay! siguió muriendo.

Se le acercaron dos y repitiéronle:
«¡No nos dejes! ¡Valor! ¡Vuelve a la vida!»
Pero el cadáver ¡ay! siguió muriendo.

Acudieron a él veinte, cien, mil, quinientos mil, clamando: «Tanto amor y no poder nada contra la muerte!»
Pero el cadáver ¡ay! siguió muriendo.

Le rodearon millones de individuos,
con un ruego común: «¡Quédate, hermano!»
Pero el cadáver ¡ay! siguió muriendo.

Entonces, todos los hombres de la tierra le rodearon; les vio el cadáver triste, emocionado; incorporóse lentamente, abrazó al primer hombre; echóse a andar...

De *España, aparta de mí este cáliz*
César Vallejo

ecuatoriano, Carrera Andrade se preocupa por el hombre universal en sus últimos libros: *Hombre planetario* (1959), *Floresta de los Guacamayos* (1964) y *Crónica de las Indias* (1965).

Las generaciones poéticas subsiguientes miraron el ejemplo de sus mayores y profundizaron en la fuerza telúrica del horizonte americano desde una poesía de compromiso social e histórico y sobre todo de compromiso humano. Con el transcurso del tiempo se han sucedido varios grupos poéticos, algunos de cuyos componentes como Jorge Enrique Adoum, César Dávila Andrade, Edgardo Ramírez Estada, Efraín Jara Idrovo o Euler Granda, son sólo un pequeño índice de la magnitud que alcanza la poesía ecuatoriana actual.

En la literatura colombiana la fuerza ejercida por los maestros modernistas impide la producción de una poesía de ruptura que se pueda llamar netamente vanguardista. Sin embargo, se producen movimientos de avances respecto del modernismo a partir del excéntrico poeta Porfirio Barba Jacob (seud. de Miguel Ángel Osorio) y de la actitud renovada de Luis Carlos López. En los años veinte la revista *Los nuevos* reúne un grupo heterogéneo de escritores que, sin romper con el modernismo, comienza a experimentar con la palabra. Cabe destacar entre ellos a León de Greiff, Rafael Maya, Jorge Zalamea y Luis Vidales. Otro impulso renovador imprime a la poesía colombiana el grupo «Piedra y cielo» que se organiza en los años treinta bajo la influencia directa de Juan Ramón Jiménez y de los poetas de la generación del veintisiete. Los máximos representantes de «Piedra y cielo» son Jorge Rojas, Eduardo Carranza y Arturo Camacho Ramírez, en cuyas respectivas obras, salvando las particularidades estilísticas e ideológicas de cada uno, predomina una actitud estetieista y se advierte una preferencia por la visión telúrica de la naturaleza y los temas existenciales. El grupo poético más reformista no se organiza hasta los años cincuenta en torno a la revista *Mito,* fundada por Pedro Gaitán Durán. Sus componentes, entre los cuales hoy destaca sobre todo Álvaro Mutis, adoptan una nueva actitud ante la vida y se vuelcan de forma comprometida y beligerante sobre los problemas de su sociedad.

Semejante es el caso de la literatura boliviana, también muy condiconada por la fuerza que en ella ejerció el modernismo: evoluciona lentamente, por ausenica, quizás, de grandes figuras directoras de la nueva estética vanguardista, que finalmente llega con bastante retraso. Ello no es obstáculo para que a principios de siglo se desarrolle una gran actividad literaria apoyada en diversos grupos diseminados por todo el

Vivo en una región de hueso
antiguo, en una niebla como
miel de roca. Ay, enemiga
geografía, enemiga de arena,
galopante de espino, golpe
de abandono en medio corazón:
¿A quién busca el granizo, porqué
la noche amontonada sobre el hombre,
tal vez a mí me acecha el ronco
viento frío?
Sol, debí nacer besando
tu manto que amanece, tu corta
temperatura impuesta a mi destino,
tu lengua de varón y tu licor desnudo:
¡Hágase tu voluntad que aceptan las semi-
       llas,
cúmplase tu ley de vegetales
en racimo, y de hombres y bestias
por parejas!
¡No permitas
que habite en el límite del pez y de su espu-
       ma,
defiéndeme de los dioses sumergidos;
que no te diga: Me pesas, me fabricas
fiebre, das alas al pantano; no me dejes
que blasfeme de tus ropas y las mías
y porque me amarras las manos, porque
tu pestaña de plomo cubriría la vigilia,
apártame del mar, líbrame de la sombra
protégeme de los azulados dialectos
de amor de la extranjera!
Porque amo esta zona sin negación ni agua,
cárcel de cuatro vientos, cerradura
de hielo en donde fue dispuesto
que estuviera, altar de altura
para confiar en tu poder a fondo
para orar por tu tambor sin ruido
¡oh constructor de las doce ventanas
por donde se sube al día, guardián
de sus postigos por donde baja el aterido!

De *Los cuadernos de la tierra* (1963)
Jorge Enrique Adoum

país que constituyen la llamada «generación del centenario» y continúan el aire renovador y cosmopolita de los modernistas. De mayor repercusión es el grupo de Potosí, «Gesta Bárbara», formado por poetas seguidores de Jaime Freyre y Juan Ramón Jiménez. Su máximo representante es Gregorio Reynolds, pero el encargado de introducir el surrealismo en Bolivia es el poeta Gustavo Medinaceli que revitaliza el grupo «Gesta Bárbara» en 1944 e impulsa a una generación de influjo vanguardista constituida sobre todo por Jaime Sáenz, Edmundo Camargo y Óscar Cerruto. Estos poetas cifran su atención en un proyecto de carácter nacionalista, que coincide con la línea telúrico social de otros países de la zona, y anticipan la poesía social cultivada en los últimos años por poetas más jóvenes entre los que destaca Pedro Shimose.

NARRATIVA DEL SIGLO XX

La preocupación por la identidad del carácter nacional conduce a la narrativa de este siglo a indagar en los elementos naturales y humanos configuradores de los países andinos en sus tres zonas geográficas fundamentales: la selva, la costa y el litoral del Pacífico. El ciclo de la novela selvática revela las peculiares relaciones del hombre con el inmenso potencial de una naturaleza exuberante y virgen. La novela indigenista es continuadora de la novela realista que cifraba su atención en el indio, poniendo ahora especial énfasis en su rituación social como minero y campesino de la sierra, situación que, además, destaca las diferencias culturales entre indios y blancos. La novela del litoral plantea, sobre todo, los diversos problemas sociales generados en el ámbito urbano. Los límites entre estas dos últimas modalidades narrativas se van desdibujando actualmente debido a los recientes movimientos migratorios que evocan a un claro mestizaje, más cultural que racial, asumido ya en la literatura.

La novela de la selva

El prototipo de la novela de este ciclo es, sin lugar a dudas, *La vorágine* (1924). Su autor, **José Eustasio Rivera** (1889-

1928), estableció contacto con el mundo selvático cuando formaba parte, como abogado, de la comisión para el trazado de la frontera entre Colombia y Venezuela. De este conocimiento de las selvas amazónicas y del que obtuvo por motivo de negocios, pudo recabar información y recoger materiales para su novela. *La vorágine,* que desarrolla una trama argumental relacionada con una explotación cauchera, plantea la lucha del hombre con una naturaleza hostil —el «infierno verde»— símbolo de la realidad social del hombre americano. El espacio es asumido no como escenario idílico o exótico sino como eje de tensiones que provoca en los personajes un determinado tipo de relaciones humanas. La selva, que acaba adquiriendo el carácter protagonístico propio de los personajes, es concebida como un signo de índole devastador que puede producir transformaciones esenciales en el hombre y conducirle fatídicamente hacia un destino trágico.

Esta modalidad narrativa tuvo sus primeros seguidores en Colombia, entre los cuales hay que citar a César Uribe Piedrahita con su novela *Toá: narraciones de caucherías* (1933). El enfrentamiento del hombre con la naturaleza de *La vorágine* aquí evoluciona hacia un mejor acoplamiento entre ambos y una valoración de la naturaleza como bien productivo con el que es posible la vida en perfecta simbiosis. Pero donde mayor número de novelas selváticas se produce es en la literatura boliviana que ya en 1917 cuenta con un anticipo de *La vorágine* en *Tierras bárbaras* de Jaime Mendoza, novela descriptiva que aún guarda el gusto por lo exótico de los modernistas. No muy lejos del pintoresquismo descriptivo, aunque escrita después de *La vorágine,* es *La sima fecunda* (1933) de Augusto Guzmán. Diomedes Pereyra compone una original trilogía sobre la selva con *El valle del Sol* (1935), *Caucho* (1938) y *La trama de oro* (1938). En ellas se asoma a las posibilidades aventurísticas de la selva amazónica desarrollando tramas sobre expedicionarios en busca de tesoros que ponen de manifiesto la faceta misteriosa e intrincada de aquella naturaleza. Por los mismo años Raúl Botelho Gosalves escribe *Borrachera verde* (1938), inspirada en *La vorágine,* que narra los efectos nefastos de la naturaleza tropical en el hombre. La selva también ha sido fuente inspiradora de novelas en el Perú, algunas de las cuales fueron escritas poco después de la colombiana e influidas por ella, pero la más notable de todas es, sin duda, *La serpiente de oro* (1935), en la que el hombre acaba compenetrándose armoniosamente con la naturaleza. En las últimas décadas, *La casa verde* (1966) y *El hablador* (1984) de MarioVargas Llosa, abren otra perspectiva a la novela de la selva en la que ésta aparece como un espacio interiorizado y pleno de connotaciones simbólicas y míticas.

Narrativa indigenista

El relato inspirado en la vida de la población nativa de la serranía andina adquiere un amplio desarrollo a lo largo del siglo XX. En más de media centuria el indigenismo narrativo ha evolucionado desde las primeras manifestaciones de base racial que parten del siglo XIX, hasta llegar a los planteamientos de tipo económico y social influidos por la ideología marxista, para desembocar después en los testimonios antropológicos de los últimos años que revelan, dignificándolo, el componente cultural de los pueblos indígenas. Acorde con estas transformaciones pueden establecerse tres etapas: *a)* contiene las primeras narraciones del siglo hasta los años treinta, *b)* refleja el avance producido en los relatos escritos entre 1930 y 1950, y *c)* detecta el último paso del proceso narrativo a partir de mediado el siglo.

La primera etapa fluctúa entre la pervivencia del costumbrismo decimonónico con largas descripciones de interés folclórico y la adhesión a los exotismos modernistas, tendencias ambas que encuentran un gran filón literario en la figura del indígena. Se inicia con la obra de los escritores bolivianos Jaime Mendoza y Alcides Arguedas que, aunque cifran su interés en poner de manifiesto las desigualdades entre blancos e indios, ideológicamente pecan de un exceso de paternalismo que hace muy evidente su clara adhesión al blanco. Mendoza, historiador y sociologo, diseña una tesis personal sobre el «andinismo», base de la identidad nacional de

Bolivia, a partir de la consideración del macizo central andino como núcleo generador de energía humana, lo que convierte al indio, en virtud de su historia, en un factor esencial de la comunidad boliviana. En su novela *Tierras del Potosí* (1911) expresa sus ideas abordando de forma descarnada la vida del indio en las minas. **Alcides Arguedas** (1879-1946), también sociólogo e historiador, explica su tesis sobre Bolivia en un discutido ensayo significativamente titulado *Pueblo enfermo* (1909) que hubo de corregir más adelante. Su fama se debe sobre todo a la novela en la que expone su versión sobre el indio, *Raza de bronce* (1917), sometida también a enmiendas posteriores. Los personajes nativos tienen un protagonismo esencial en la obra pero son tratados como una raza dotada exclusivamente para el trabajo esclavizado y sicológicamente enfermiza. Arguedas plantea situaciones derivadas de la propiedad de la tierra que levemente apuntan a la cuestión social indígena como un problema económico, pero, a pesar de que él pretende utilizar su novela contra la situación infrahumana en que vive el indio, no ofrece perspectivas que vislumbren una solución.

Alcides Arguedas.

ALTIPLANO

I

El Altiplano es inmensurable como un recuerdo.
Piel de kirquincho, toca con sus extremos las cuatro puntas del cielo,
sopla su armada brisa de bestia.
El Altiplano es resplandeciente como un acero.
Su soledad de luna, tambor de las sublevaciones,
solfatara de las leyendas.
Pastoras de turbiones y pesares,
las vírgenes de la tierra alimentan la hoguera de la música.
Los hombres, en el metal de sus cabellos,
asilan el caliente perfume de los combates.

Altiplano rayado de caminos y de tristeza como palma de minero.

II

El Altiplano es frecuente como el odio.
Ciega, de pronto, como una oleada de sangre.
El Altiplano duro de hielos
y donde el frío es azul como la piel de los muertos.
Sobre su lomo tatuado por las agujas ásperas del tiempo
los labradores aymaras, su propia tumba a cuestas,
con los fusiles y la honda le ahuyentan pájaros de luz a la noche.
La vida se les tizna de silencio en los fogones
mientras las lluvias inundan sus huesos y el canto del jilguero.

III

Altiplano sin fronteras,
desplegado y violento como el fuego.

Sus charangos acentúan el color del infortunio.
Su soledad horada, gota a gota, la piedra.

De *Patria de sal cautiva* (1958)
Oscar Cerruto

La novela de Arguedas ejerció una notable influencia en obras posteriores. Así ocurre con *Plata y bronce* (1927) del ecuatoriano César Chaves con quien nace la novela indigenista en Ecuador. De indudable corte modernista son las colecciones de cuentos de tema indígena de los peruanos Enrique López Albújar, *Cuentos andinos* (1920), y Ventura García Calderón, *La venganza del cóndor* (1924). Estos últimos escritos desde París, más con la intención esteticista que proporciona la recreación exótica del mundo andino que con la voluntad de representar la realidad del indio.

En la segunda etapa los escritores indigenistas avanzan hacia un planteamiento narrativo basado en un mayor compromiso social que pueda revelar al lector, de forma fidedigna, la auténtica situación del indio. Son los años de auge del indigenismo, en los cuales Colombia también se incorpora a su producción narrativa, aunque son más significativas las obras pertenecientes al resto de los países de la región andina donde la presencia indígena es mucho más notoria. Una personalidad singular para las transformaciones de este período es la de José Carlos Mariátegui como introductor de la filosofía marxista en el Perú y por sus estudios, desde su perspectiva socialista, sobre la realidad peruana. Dentro de esta línea y de clara tendencia reivindicatoria es *El tungsteno* (1931) de César Vallejo que pretende con su novela delatar una situación social concreta de las minerías serranas. Sin emabrgo, es otro peruano, también seguidor de Mariátegui, quien alcanza una de las cotas más altas del indigenismo en estos años, **Ciro Alegría** (1909-1967), con su novela *Los perros hambrientos* (1938) y, sobre todo, con *El mundo es ancho y ajeno* (1941). En esta última el narrador entra en una comunidad indígena de la serranía norte del Perú para dar testimonio de una realidad humana en toda su complejidad. Puede contrastar así el orden que rige su interior con el otro mundo «ancho y ajeno» de fuera, poniendo de manifiesto las contradicciones e injusticias que sufre el pueblo indígena. Con su forma de novelar, Alegría abre una eficaz vía para llegar a la auténtica dimensión humana y social del indio.

Los escritores bolivianos se vuelcan en esos años en la narrativa de la guerra del Chaco, y sobre ella escriben sus mejores obras los tres escritores más importantes de entonces: Óscar Cerruto en *Aluvión de fuego* (1935), Augusto Guzmán en *Prisionero de guerra* (1937) y Augusto Céspedes en su colección de cuentos *Sangre de mestizos* (1936). Este último autor no se sustrae, sin embargo, a la tendencia predominante en la zona y escribe una de las obras básicas del indigenismo comprometido, *Metal del diablo* (1946), novela inspirada en la figura del rico minero Simón I. Patiño, con la cual pretende combatir la extrema situación humana del indio en las minas. Aunque se podrían citar otros ejemplo, es, sin embargo, la novela indigenista ecuatoriana la que alcanza mayor relieve con *Huasipungo* (1934). Única novela de tema indio de su autor **Jorge Icaza** (1906-1978), quien, a partir de ella, centra sus miras en el cholo o mestizo, que será protagonista del resto de su obra posterior. Icaza aborda la cuestión indígena como un problema socio-económico integrado en el sistema latifundista que, con la entrada del capitalismo extranjero, acaba estrangulando por completo las posibi-

lidades vitales de los indios. La población nativa es expulsada del entorno que les proporciona su único medio de subsistencia, el huasipungo, en el que ya vivían en ínfimas condiciones y al margen de la historia nacional. Ello provoca una rebelión que, si bien fallida, es un aviso y plantea una situación proyectada hacia soluciones ideológicamente progresistas.

La tercera etapa comienza con los nuevos enfoques narrativos formulados por el escritor peruano José María Arguedas, que la crítica ha dado en llamar **Neoindigenismo.** Este nuevo acercamiento al mundo indígena incorpora símbolos y mitos de la cultura quechua, que escritores más jóvenes, como Manuel Scorza, han tratado con las renovadas tendencias técnico-formales de la actual narrativa. A través de estos caminos la literatura indigenista ingresa al ámbito del realismo mágico, concepto literario elaborado desde una interpretación de la realidad basada en las creencias más íntimas del hombre, en cuya concepción del mundo gravitan elementos míticos de las antiguas cosmogonías americanas, de gran vigencia en la actualidad.

José María Arguedas (1911-1969) integra en su obra sus experiencias personales, extraídas de una infancia entre habitantes indígenas y de los conocimientos que le proporciona su actividad profesional como antropólogo. Desde sus primeras obras inicia la ruptura con el indigenismo anterior, al presentar en ellas no un enfrentamiento de razas o clase sociales sino de culturas. La tradición indígena, serrana, pugna con la de la costa, fundamentalmente occidental, imponiéndose la primera; así comienza a plasmarse la actitud rebelde del indio concebido por Arguedas, que se anuncia ya en su primer libro de cuentos, *Agua* (1935), y en su primera novela, *Yawar Fiesta* (1941). Sin embargo, es a partir de *Los ríos profundos* (1958), cuando los indios muestran, contradiciendo todo pronóstico, su capacidad de movilización y actuación para luchar por una causa justa. Esta novela, esencialmente autobiográfica, está narrada por un niño de catorce años, *alter ego* del autor, que transmite una visión poética del mundo serrano, cargada de connotaciones mágicas y misteriosas. Junto a la narración autobiográfica se encuentran, entreverados, distintos episodios que reflejan un entramado social y religioso inflamado de abusos e injusticias. También de carácter autobiográfico es la novela *El sexto* (1961), en la que Arguedas relata, veinticuatro años después de una permanencia en prisión por causas políticas, sus experiencias personales y el mundo que observó a su alrededor. Es una variación en su trayectoria indigenista, ya que pasa de la comunidad serrana al Perú como totalidad. Da un salto en escenarios y lenguaje para representar todo su país, ampliamente simbolizado en el penal del Sexto. Así se anticipa a su siguiente novela, *Todas las sangres* (1964), en la que pretende mostrar la gran diversidad de elementos humanos que componen la realidad social del Perú. La trama ahora se complica, los elementos se aglomeran, los personajes se multiplican, dotando a la novela de una gran tensión narrativa. El núcleo de la historia se centra en una mina que genera episodios relacionados con su propiedad y explotación. En la novela aparecen todos los problemas del Perú de su tiempo, pero lo verdaderamente innovador reside en la superación de la dualidad entre la cultura serrana y la costeña para presentar al Perú como un todo integrador. Aquellos sectores, antes opuestos, se alían, si perder cada uno su peculiaridad esencial y sin menoscabo de la lucha indígena por su liberación, frente a otro gran adversario superior, el capital norteamericano, que incorpora a un proyecto de desarrollo autóctono, otro ligado a intereses económicos imperialistas. En 1971, dos años después de su suicidio, se publicó la novela que Arguedas había elaborado como terapia a lo largo de sus últimos años, *El zorro de arriba y el zorro de abajo*. Ahora los indios llegan a la costa como emigrantes, huyendo de la estructura feudal serrana. La novela pone de manifiesto los problemas de su inserción en el nuevo medio y sus relaciones con los costeños. El autor transcribe la vida del puerto de Chimbote, un importante centro productor de harina de pescado, a través del cual quiere interpretar todo el Perú de su tiempo.

Lo que Arguedas pretende, en definitiva, es expresar en sus novelas la base fun-

damental de su propia vida: el resultado de la integración del mundo indio y del mundo blanco. Para ello conjuga un caudal estético y otro ideológico, proveniente de Mariátegui y la filosofía marxista, que desembocan en un proyecto mesticista por el cual los indios de sus obras acceden a un proceso de occidentalización, mientras que, por el contrario, los blancos van absorviendo como suya la cultura indígena. Arguedas ofrece una visión interiorizada y amestizada del mundo indígena y logra dar visos de universalidad a sus novelas, creando verdaderas obras de arte con un lenguaje nuevo, equilibrado, capaz de transmitir todas las complejidades humanas del mundo andino a un lector no iniciado.